斯瓦米韋達・帕若堤 Swami Veda Bharati——著
石宏——譯

斯瓦米韋達的22堂覺醒生活課

瑜伽就是心靈修行

譯者序

瑜伽要實踐於日常生活中

說實語，說悦語。勿說不實的悦語，也勿說不悦的實語。

——斯瓦米韋達（Swami Veda Bharati）

二〇〇八年，一天夜裡約十二點半，家中的電話響了，我在匆促間接起，心猶未定之際，那頭傳來一個熟悉而慢條斯理的聲音：「哈囉，這是斯瓦米韋達，很抱歉要在這麼不方便的時間打電話給你……」

「啊，斯瓦米吉，沒有問題，您在任何時間打電話來，我都歡迎。」

「我們這裡有個情況，我想盡快讓你知道。本來我都已經準備好在下星期飛到香港，今天臨時接到通知，下星期某某單位在德里安排了一個官方活動，要我以主禮人身分到場致詞。我們跟他們協調了一整天，由於種種原因，對方覺得近期內只有這個時間最為理想。這讓我十分為難，因為你已經為我到訪香港一事做好了安排，如果改期，必然給你們添加麻煩。所以我急著打這通電話，就是想聽一下你的意見，你覺得我是否還是該如期來香港，把德里的活動給推掉？」

他總是把事情的輕重緩急告訴你，該怎麼決定非常清楚，但是他不會用命令的方式「交辦」，而是尊重你的意見，讓你知情，所以是由你做出那個理所當然的決定。在徵詢你的意見時，他問的不是：「你覺得我是否可以改期來香港？」雖然委婉，可是就不比「你覺得我是否還是該如期來香港？」來得受用。在聯絡的方式上，他大可以寫一封電郵來解釋事情的原委，至多交由助理打電話過來，可是他卻親自跟你通電話。這，就是斯瓦米韋達的行事作風。這，就是為什麼大家對他心悅誠服。

我們可能懷疑這麼細膩的手法是不是有必要，會不會降低辦事的效率？何必如此講究和氣，以大師之尊何必跟一個才入門不久的學生晚輩陪小心？斯瓦米韋達提醒我們，人與人之間、族群之間、國家之間的誤會和矛盾，往往不是由於說了什麼內容，而是由於「說的方式」所引起的。

幾年觀察斯瓦米韋達下來，他對自己所奉持的哲學是處處身體力行。功利思想認為沒有必要的客套，在他可是做人做事的原則，因為這就是在實踐「非暴力」的理念。中國人說「事緩則圓」，他是絕對同意的。他說，走曲線比直線還快。我們以為沒效率的溫情溝通，到頭來竟然才是最牢靠、最能把事情辦好、最沒有後遺症的待人處事方式。所以，他不是僅僅為了什麼理念，而把時間和精力用來客套，他其實也是在用最有效的方式把事情辦好，不只是求辦到就行。

至於謙虛待人，他為我們介紹過一套印度版的「修齊治平」古訓：能謙虛之人才能自律，能自律之人才能控制好自己的眼、耳、鼻、舌、身、意六根（瑜伽則是分為十根），能管理自己六根之人才能領導眾人，有領導統御本事之人才能辦事、才能治國。所以，謙虛的心態是成功的基本要求。

二〇一三年三月，斯瓦米韋達行將進入五年的靜默期，他宣告自己將不再負責傳承的日常運作，為了確保這個心靈的大家庭在他退隱乃至身後都能延續下去，他特別編寫了一本小冊子，題為《心靈修行的實踐與運用》。裡面說的都是要如何把心靈修行的原理和法則運用到日常生活，尤其是在與人相處的情境中。他在序文中寫道：

如果大家忽視了這些原理法則，一旦此身因為禪定或是死亡而進入了靜默，分裂就會發生，那我們服務上師傳承的使命勢必受損……

坐著把眼睛閉起來的那種修行不難，把種種誡律和情緒淨化應用在日常生活裡，才是更難的修行。

這本小冊子固然是為了一個心靈組織的成員而寫，但斯瓦米韋達認為其中的道理更可以，也應該，適用於一切團體中，從家庭成員的相處，到企業乃至國家的管理，都有參考的價值。他有弟子在美國從事企業管理培訓顧問工作，已經把其中某些原理加以擴充演繹，編寫在教案中，獲得十分理想的回應。

大家可能覺得奇怪，瑜伽大師不去談如何練身體、調呼吸、氣脈拙火、三摩地、天人合一這些題目，為何要苦口婆心地勸世、講溝通的藝術、談管理的方法？這就要回到瑜伽究竟是出世還是入世的問題。大師的回答會是：「是的。」喜馬拉雅瑜伽近代的傳人斯瓦米拉瑪說，我們同時是兩個世界的公民，我們既要活在塵世，又要能超越塵世。這和近代中國佛教大師所提倡的「人間佛教」理念是相互輝映的。

斯瓦米拉瑪和斯瓦米韋達一再告誡我們，瑜伽的道理要能應用在日常生活之中，才不枉費功夫。他們引用瑜伽聖典《薄伽梵歌》（II.50）中一句名言做為喜馬拉雅瑜伽傳承的校訓：

yogaḥ karmasu kauśalam

行事練達即瑜伽

從待人接物到灑掃應對，能做到練達，能圓融，就是瑜伽的功夫所在。斯瓦米韋達念茲在茲要教會我們的，就是這些功夫。開頭提到的那一通電話，就是他在為我們進行身教。在大師眼中，一切都是機會教育的題材。他的說話方式，所使用的音調和字眼，他的眼神，肢體語言，行住坐臥的姿態，乃至於靜默，都是在教育我們。他說，自己去商店裡買個東西，就是在為店員施教。

在他眼中，真正的老師不是在課堂中教學的那種老師，是能為人師表的人。他常引用來勉勵啟發想要當老師的人，是《金剛經》。這似乎有些意外而實不意外。原來他要提醒大家的是，佛陀在《金剛經》中反覆一再對須菩提說，有人用金山銀山、用填滿無盡三千大千世界那麼多的珠寶，來供養佛、來施捨眾生，此人所累積的功德固然非常大，但仍然遠遠不及有人引用一句經文、一段偈文，來教導及開示眾生所造的功德。換言之，天一樣大的財佈施，也抵不上一句真理的法佈施。斯瓦米韋達說，以為這是言過其實的人無異於井底之蛙，不知天高地厚。對於當老師的人，還有什麼能比這更令人鼓舞的？還有什麼更能讓人意識到自己工作的神聖？

二〇一五年七月，斯瓦米韋達圓寂。他身體長年多病，有些人不免會想，為什麼瑜伽大師無法把自己的身體給調好？面對這個問題，他在近年直接間接都回應過。他解釋為什麼斯瓦米拉瑪，以及其他幾位近代知名大師，不為自己治病的原委。他也說過，自己走的瑜伽之路，目的不是在練身。更早以前，在一次以自我治療為題的長篇講座中，他最終「吐實」，原來他從來不花時間在「自療」上面。沒時間固然是事實，也是個「藉口」，因為他走的是大乘菩薩道，是以眾生的健康福祉為己任、為優先。對於有心助人的醫師、治療師，他鼓勵大家去誦讀《藥師經》，尤其是藥師佛的十二大願。

本書收集了斯瓦米韋達的《心靈修行的實踐與運用》內容，關於治療的講座和幾篇短文，帶有禪意的「在靜默中言語」講座，以及幾次啟發人心的講演。雖然是以「集子」的形式，好像沒有一個主題。然而，最上乘的知識是不可切割的，一即一切，一切即一。斯瓦米韋達所有的著作、講演、表達，千說萬說都是為了一個主題。也許，在您最靜、心最清明的那一刻，會接到他的「來電」。

脫稿於二〇一六年 Guru Pūrṇmā 上師節 滿月之日

目次

譯者序　瑜伽要實踐於日常生活中　2

第一部　瑜伽靜坐與靈性生活　13

第1課　在靜默中言語　14
第1講　意念才是靜默之鑰　18
第2講　靜坐的樂趣來自永恆的自己　36
第3講　靜坐環節的分解與體驗　55
第2課　在居家實踐靈性生活　74
第3課　在日常生活中實踐「非暴」　86
第4課　斯瓦米韋達的瑜伽旅程　106

第二部　瑜伽的醫道　125

第5課　靜坐即是自我治療　126

第1講　靈性與治療的關係　126

第2講　病苦多為幻想的產物　133

第3講　《恰拉卡集》的療癒觀　146

第4講　持咒與療癒祈福　163

第6課　為何他不能治好自己？　183

第7課　心靈解脫才是終極的醫療目的　187

第8課　給憂鬱症患者的建議　199

第9課　淺談以瑜伽幫助術後康復　203

第三部　心靈修行的實踐和應用　215

第10課　時時保持一己心靈的平靜　218

第11課　從心靈觀點出發的治道　222

第12課　領導人該有的智慧　238
第13課　聖人CEO　255
第14課　做好工作溝通的原則　262
第15課　有話就要直說？　266
第16課　心靈進步的跡象　272
第17課　如何兼得魚與熊掌　276
第18課　如何在生活中實踐　281
第19課　恕日與默日　284
第20課　道德情操是瑜伽治療的關鍵　290
第21課　菩薩圓融必備的十波羅蜜之一　299
第22課　未來五年的內在修行功課　303

第一部

瑜伽靜坐與靈性生活

第1課　在靜默中言語

——一九九八年，斯瓦米韋達在加勒比海庫拉索島的講座。

靜坐導引

調整你的坐姿，頭、頸、背保持正直，讓身體靜止下來，不要出現輕微擺動，不要抽動。身體靜止了，心才能靜止。

現在把心的注意力，帶到你此刻所坐著的地方。

你的覺知力，就限制在此刻身體所占據的空間之內。覺知你的整個身體，由頭至腳，由腳至頭。身體絕對地靜止，僅僅覺知此刻身體所占據的空間。

放鬆你的心，讓心頭所有的皺紋都舒展開來。

保持脊柱正直，身體其他部分都放鬆。

放鬆你的額頭。放鬆你的眉頭和眼睛。放鬆你的鼻孔。放鬆你的臉頰。放鬆你的下顎。放鬆你的嘴角。放鬆你的下巴。

保持頸部和脊柱正直，放鬆你的肩膀。放鬆你的肩關節。放鬆你的上手臂。放鬆你的手肘。放鬆你的下手臂。放鬆你的手腕。放鬆你的手。放鬆你的手指。放鬆你的手指尖。

放鬆你的手指關節。放鬆你的手。放鬆你的手腕。放鬆你的下手臂。放鬆你的手肘。放鬆你的上手臂。放鬆你的肩關節。放鬆你的肩膀。

脊柱正直。放鬆你的肩膀。放鬆你的胸部。放鬆你的心窩部位、肚臍、腹部。放鬆你的髖關節。放鬆你的大腿。放鬆你的膝蓋。放鬆你的小腿肌肉。放鬆你的腳踝。放鬆你的腳。放鬆你的腳趾。

放鬆你的腳趾。放鬆你的腳。放鬆你的腳踝。放鬆你的小腿。放鬆你的膝蓋。放鬆你的大腿。放鬆你的髖關節。放鬆你的腹部。放鬆你的肚臍部位。放鬆你的胃部。放鬆你的心窩部位。放鬆你的肩膀。

脊柱和頸部保持正直。放鬆你的肩膀和肩關節。放鬆你的上手臂。放鬆你的手肘。放鬆你的下手臂。放鬆你的手腕。放鬆你的手。放鬆你的手指和手指尖。

放鬆你的手指尖和關節。放鬆你的手。放鬆你的手腕。放鬆你的下手臂。放鬆你的手肘。

放鬆你的上手臂。放鬆你的肩關節。放鬆你的肩膀。

放鬆你的下巴、下顎、你的嘴角。放鬆你的臉頰。放鬆你的鼻孔。放鬆你的眼睛、眉毛。放鬆你的額頭。放鬆你的心念中樞。

把覺知帶到你的呼吸上。好像你—整—個—身—體—在—呼—吸。呼吸往下，一直到腳趾，再回流往上一直到頭頂，好像整個身體在呼吸。不是真的空氣流到腳趾，而是能量之氣在流動，充盈你體內每一顆細胞。

呼吸保持平順，呼與吸之間沒有停頓。輕柔、緩慢、平順地呼吸。觀察你肚臍和胃部之間的區域。觀察這塊區域在你呼氣時輕微地收縮，吸氣時輕微地鼓起。繼續觀察它的動態。

現在，體會呼吸在你鼻孔內流動、接觸的感覺。緩緩地呼—氣—，呼到盡頭立即吸—氣—，不要間斷。持續這樣的呼吸方式，繼續體會呼吸在鼻孔內流動、接觸的感覺。呼氣到盡頭，立即去感覺吸氣進來。吸氣到盡頭，立即去感覺呼氣出去。

呼氣時，在心中默想「瀚——」的字音。吸氣時，默想「搜——」字音。「搜—」與「瀚—」要連在一起，沒有間斷。保持呼吸平順，沒有停頓。

觀察自己的呼吸、心念，以及「搜—瀚—」的字音，同流合體，形成了一道單一的流體。呼吸之間沒有停頓間斷。繼續感覺呼吸在鼻孔內流動、接觸，維持「搜—瀚—」的念頭，觀察這股沒有間斷的覺知。

現在，放掉這股覺知，讓你的心地進入完全靜默的狀態，像一座水晶湖泊，絕對地靜止，沒有任何漣漪。在這樣的靜默中待幾秒鐘，然後，從靜默中，讓那股覺知再度流動。呼氣，感覺到出氣，心中默念「瀚」字音。吸氣，感覺到入氣，心中默念「搜」字音。

再度回到那靜默狀態，待上幾秒鐘，然後回到呼吸和字音的覺知。重複這樣的進、出。

保持那股覺知，輕輕地用雙手掌罩住雙眼，那股覺知不要中斷，繼續覺知呼吸和「搜—瀚—」的流動，慢慢在手掌中睜開眼睛。不要打斷覺知之流，慢慢將蓋住眼睛的雙手放下。

我稽首合十，向各位敬禮。

第1講　意念才是靜默之鑰

各位晚安！

雖然我等了十一年才再次回到這個地方，我仍然和各位保持心靈上的連結，從來沒有忘記過大家。

我們的傳承有個特別之處，只要一旦有過心靈上的連結，即使你斷了這個連結，但是，我不會，也不能斷。一九八七年，我在此地待了一個星期，有好幾位接受了啟引。我可能無法記住他們每一位的名字和容貌，可是我一直都在為他們祈禱。心，是沒有名字的；靈，是沒有形相的。這就是我們傳承所要傳遞的信息：心無名，靈亦無形。

你們各位不是什麼別的，都是靈。靈外面披著一層美麗而閃耀的袍子，我們稱之為「心」。你掛這件袍子的衣櫥，我們稱之為「身體」。所以你可別誤以為你就是那個衣櫥。我們對自己的面目往往有很多牢不可破的觀念，就是因為執著於這些觀念，所以引起了各種各樣的苦痛磨難。

一年多前，我的上師離開了他的肉身。他臨走前交代弟子們去整理的最後一本書，是本名為《神聖旅程》[1]的小書，書的標題是：「神聖旅程：活得有意義，優雅地死亡」。那時，我們都沒意識到他寫的正是他行將動身的神聖旅程。他離世之後，我再細讀這本書，才明白他已經在書中回答了弟子們在大師離世後通常會產生的疑問。書裡有一章，他提到世人給自己種種不同的面目，例如，有時候我是憤怒的，有時候我是平和的，有時我安靜，有時我聒噪，到底哪個才是我？我個子高、我個子矮，我胖、我瘦。你身高一百七十公分，對面走來一百八十公分高的人，你覺得自己很矮。可是當你站在身高一百五十公分的人旁邊，你又自覺高大。你到底是高，還是矮？這些面目是流動不居的，正如同沙漠中的流沙一般。它們跟你的本來面目毫無關係。

你以為你知道自己的身高。假如我說，所有人的身體都是同一尺寸的。你能接受嗎？瑜伽的文獻說，每個人的身高都是八十四節整。「節」是你自己手指的寬度，一般人從腳底到頭頂正好是八十四指節。除非你的手指在後天變得粗肥，否則你去度量自己的身高，就會發現自己不是一百六十公分、一百七十公分、一百八十公分，而是自己手指寬度的八十四指節。所以每個人都是同樣的尺寸。如果你張開雙手左右平舉，從一側中指尖到另一側中指尖，也同樣會是八十四指節。怎麼量？你可以先用一條繩索去量自己，然後再用指節去量繩索。

至於我們的「精身」是籠罩著肉身的光環身，它比肉身的範圍又多了十二指節。精身在頭頂之上還延伸出十二指節的高度，有的瑜伽士打起坐來就是專注在那個精身的頂點，定在那一點上，第九十六節之處。精身在肉身的腳底之下也會延伸十二指節，所以它的範圍一共是九十六再加十二，總合一百零八，正好是一串念珠的數目！

我們之所以有苦痛，就是因為抓著這些虛假的面目不放而引起的。這道理你聽懂了，可是，你回家站在鏡子前，你仍然會讚美或是批評鏡中的自己，我好看、我不好看，我臉上是否開始有皺紋，我的皮膚是否平滑，諸如此類。因為你誤把這個「載具」當作真正的你，而我們往往樂此不疲。你正開著車子，忽然輾過路上一個坑，你停車檢查，車子被戳穿了一個洞。你說：「我被戳了一個洞！」那個時候，你又把車子認成了自己。不是嗎？

我們在心靈上下功夫，就是要超越這些假面目。斯瓦米拉瑪在那本書中寫道：「大家老是把種種形相視為自己，心念的形相也不例外。」例如，憤怒的情緒來了，你就想，我生氣。究竟是誰在生氣？你要問這個問題，是誰在生氣？當你說你生氣，就是把那個憤怒的情緒視為你自己。把情緒當作自己。然而，我們不可能是情緒。身為人類，我們會有生氣的情緒，會經驗到憤怒的情緒。但是我們不是憤怒，不是任何情緒。

同樣地，我們不是這個身體。我們有個身體。可是我們的語言卻顛倒過來，我們說：「我有靈魂。」這是個可笑的說法。你說：「我有件披肩，我戴上它，我脫下它。這是我的披肩，但是我和披肩不同。」你有沒有聽過哪個披肩會說「我有個人」？可是你卻會說「我有靈魂」。是誰在說？你說：「是我。」但誰是這個「我」？靈魂是否會說「我有個靈魂」？難道靈魂擁有另一個靈魂不成？所以這個說法根本是個笑話，是沒有意義的表述。披肩不會說：「我有個身體，我是個人！」

我是靈魂！是我有個身體。身體自己哪能主張它有個靈魂！假如身體有靈魂的話，你有沒有在殯葬場遇過一具屍體，它說：「嘿！來，來這裡。我告訴你，我曾經有過一個靈魂。」身體是個物質，它自己不會說話。那麼是誰在說「我有靈魂」？所以你一定要記住，我是靈魂，我有個身體。

斯瓦米拉瑪不斷地提醒我們：「這個身體不是我們！是我們有個身體！」身體不過是工具，是供我們使用的。不要認為自己是一百七十公分，黑頭髮，黑眼睛。不是的，我們不是這個。但是，我們卻認為自己就是這個。所以有人批評我們的外貌，我們就覺得被傷害了。我們看到自己的身體逐漸老化，就感到恐慌。這就是「身見」，因為我們只意識到身體。一旦你學會分辨什麼是「會朽的」，什麼是「不朽的」，「明辨智」就會大放光明。

死亡之於真正的那個我，是鞭長莫及的。「死亡」這個觀念就是個迷思，其實根本沒有這回事，可是大家都怕它。就像有人害怕進入一間伸手不見五指的房間內，卻也不知道自己究竟是在怕什麼。只要把燈一開，就知道沒有什麼可怕的。

所以，我們要明白靜坐是為了什麼。靜坐的目的，是讓我們停止執著於這些虛假無常的面目，從而去找到內在那個真實永恆的自己，那個不會改變、不會縮小、不會放大的。一個身高一百七十五公分的人，他的靈魂不是一百七十五公分。一隻螞蟻的靈魂，不是大小如一隻螞蟻。同樣，一頭大象的靈魂，不是大小如一頭大象。否則，大象的靈魂豈不是會比被尊稱為「大士」（Mahātmā）的印度國父甘地的靈魂還要巨大？

苦痛磨難皆源於自己的設定

那個永恆的，是不受尺寸所限，不受這些習慣、設定所左右。我們所有的一切苦痛磨難，都是自找的，是自己所造出來的，都是由於我們執著於某些習性、某些設定。我們將自己視為一堆設定的組合，你會根據你所受的設定去思想。孩子出生時，她不會對母親說：「嗨，媽媽，我的名字是珍妮。」她是被別人設定為珍妮，旁人不斷對她說：「珍妮，過來。珍妮，坐下。珍妮，別哭了。」所以孩子認為自己是珍妮、是美國人、是中國人、是印度人，等等。

這些都是設定，都是外力加諸於她的。心靈已覺悟的人，就能夠擺脫這些設定，不再執著於自己的習氣。

是習慣讓我們認為自己是這些設定。譬如，視自己為一名母親，其他都不是，就是種習慣。視自己為一名女兒，其他都不是，也是種習慣。習慣讓你的心起了執著。執著令人痛苦。這些執著是怎麼來的？斯瓦米拉瑪說過這個故事，弟子對師父說，世間的一切都令我感到痛苦，我究竟該如何擺脫這個世界，超越這個世界？師父就讓徒弟跟他去林中散步，走著走著，師父藏身在樹林中。徒弟正在尋找師父之際，忽然聽見師父在林中呼救。他循聲找過去，只見師父正緊抱著一棵樹大呼：「救我！救我！放開我！這棵樹不放我走！」徒弟納悶不已，就說：「師父，對不起，看來是你抱著樹不放，不是樹不放你走。」師父說：「噢，是嗎？那麼，究竟是世界不放過你，還是你放不下世界？」

問題來了。你會說，請問你是否主張我們應該離棄自己的家庭、工作、國家，跑到喜馬拉雅深山裡，找個洞躲起來？我不是這個意思，你不應該這麼做，何況你也做不到！就算你拋棄一切，你還是沒有真的拋下它們，它們還是會跟著你走。它們全都還跟著你，因為它們仍然藏在你的頭皮底下，在你的心中。你無法把它們留下來，自己跑去什麼地方躲起來。就像有次一位女士來看我，她抱怨自己的先生整天不停地埋怨她。我對她說：「真要恭喜妳了，因為妳先生一直把妳放在他的心上！」所以，不論你要逃避什麼，它們還是會留在你的心中揮之不去。

這個情況也適用於許多人會問的另一個問題，他們老是抱怨在祈禱或靜坐時，各種念頭會不斷地冒出來，它們究竟是從哪裡來的？答案是一樣的。它們來自「業」，來自你過去所接觸到的一切。你有過許多、許多回的人生，在每一世你都做了某些事。這些「作為」分為三類，身體的作為、言語的作為、心念的作為。其中，心念的作為是最強大的。純粹身體的作為不算什麼，如果沒有牽涉到心念，沒有作意，就只能算是個「事件」，這也就是謀殺和意外的不同之處。我們的心念不停地在作為，作為會產生什麼結果？它即時的結果是在你的心地中留下一道印記。這些心印不會隨著這一生結束而滅失，人命結束時，身體生理的設定會歸零，但是心念的設定不會歸零。心像是一層包膜，是包住靈魂的第一層，會隨著靈魂而去，所以你會一直帶著這些心印到下一世去。而你的下一世，是由你過去所有心印的總和來決定的。這就叫作「業」，就是業的道理。因此，你的心印中含有前世帶來的成分。

我說個故事。有個婆羅門階級的祭師坐在河邊禱告，他的外表非常神聖莊嚴，像是位刻苦修行的人士。此時，河邊正好有個漁夫在打漁。你知道在印度有很多人篤信「非暴力」，任何殺生的行為都被視為不當的，打漁自然是在殺生。漁夫看見那位婆羅門，心想：「啊，多麼有福報之人，他所造的都是善業。而我就得靠造惡業來維生！」婆羅門也看見了漁夫，心想：「啊，多麼不幸的人，你看他傷害了多少生靈！而我又是多麼有福報，能生為婆羅門階級。」就在此時，上游的山洪暴發，河水在一瞬間淹沒了婆羅門和漁夫。在下一世，那漁夫生而為婆羅門，那婆羅門祭師卻生為漁夫，這是因為前者衷心嚮往某個階級，而後者鄙視某個階級的緣故。他們兩人都造了業，一個是愛戀的業，另一個是厭憎的業，兩種業是一體的兩面，而厭憎其實是種最強烈的愛戀，你越是討厭什麼，你的心反而越會放在什麼上面！請你務必記住這個道理。

所以，我們一定要非常、非常注意自己的心念，任何時刻都要盯住。這才是真正的禪修之道。重點反而不是你在靜坐時的心念狀態如何，而是在其他時候，你的心念放在什麼上面。因為構成人格最主要的部分是心理層次，「你」不外乎是你過去所留下的所有心印的總和，你的身體是依照著心印而成形，你的個性習氣更是如此。你們有沒有見過夫妻結婚三、四十年之後彼此變得越來越相像？這是因為他們開始接收了對方的心印。有些人在用靜坐之道澈底淨化自己的情緒之後，連面容都改變了，我見過好幾個這種例子。

因此，我們不是在說你可以丟下你業報所應該要經歷的人生，逃離自己的責任，躲進喜馬拉雅山的洞穴中。不是的。以我本人為例，我從一九四七年離家外出，到世界各地巡迴講演，至今沒有停過。常常每晚睡在不同的床上，今天在這個城市、明天在那個城市，這個國家、那個國家，各地不同口味的食物，不同的東道主。在每個地方都遇見不同的人，他們毫無例外都是如此熱情地接待我。這就是我的人生，有見不完的人，去不完的地方，教不完的學生。我哪裡有辦法拋下這些，躲到山洞裡去？我的上師對我說：「你只剩下一個洞穴可以躲。」他指著我的身體說：「這就是你的洞穴所在。」這些年我所到之處，如果是住在當地人家中，第一天我會現身和主人聊聊，之後我就待在房中躲進自己的洞穴裡，辦我該辦的事。所以，在世間生活，旅途奔波，對從事心靈修行之人而言，都不是障礙。

我常對人說，我的靜坐功夫有一半是靠當年在美國的機場裡練出來的，在機場等候飛機是我最好的時機，沒人認識我，沒人會來打攪我。很多人埋怨沒有足夠的空閒時間去修行。我每到一地都對大家說：「你的心有大把時間！」我上一站所停留的地方是美國紐約州的奧班尼市，我對來聽課的朋友說：「我以前住在美國明尼亞波里市，從我們當地的禪修中心到機場的距離是我三十四次的呼吸。各位今天晚上聽完課回家時，請數一下從此地到你家的距離是幾次呼吸。」第二天晚上，我問大家有沒有做這個功課，結果在前一天出席的一百位當中，只有三位記得數呼吸，可是這三位分別表示做不到幾分鐘就被其他念頭給打斷了！如果明天我問你，從這個地方到你家的距離是幾次呼吸，你答得出來嗎？所以，不要說自己沒時間，其實可以利用的時間有一大把，到處都是機會。

在靜默中如何言語？

回到這次講座的主題，題目是：「在靜默中言語，斷食時用餐，匆忙間禪修」。你可能覺得這話根本是矛盾的，在靜默中怎麼說話？讓我為你讀一段文字，這是取自我寫的一本書，書名是《萬陽之光》[2]：

言語之靜默並非靜默。
內心之靜默方是真靜默。
靜默是無窮之「字語」，乃是神。
世界之初乃彼靜默，彼靜默存於神中。
發自靜定、無聲、安寧內心之字語，
即是啟發人心之言語，

迴響世間千百年而不絕。
你禪定靜默中，自會冒出如此字語。
履行靜默之際，非真理不語。
說實語，說悅語。
勿說不悅之實語，勿說不實之悅語。
遠古之靜默理法為，凡是發自深沉靜默中之言語，
無不應驗。

在靜默中言語是可能的。讓我為你解釋這個道理。你曾留心過普通人講話的方式嗎？大多數在公開場所演講的人，都很用力地發聲，近乎是在吶喊，雙手不停地舞動，有的甚至在臺上快速來回走動，非常戲劇化。我甚至聽過美國某些教人練習放鬆法的錄音，錄音者用有力而急促的聲音說：「現在放鬆你的額頭！現在放鬆你的眉頭！」你可以選擇用這種方式去說話。

或者，你可以進入內在的靜默，從那個地方說話。如果是發自靜默中的言語，你的聲音

會是柔和的，但是一字一句都能讓人聽得清清楚楚，比用吼叫的效果更好。而你可以視情況需要來改變你的聲音。

所謂「改變聲音」是什麼意思？首先，你要問，心究竟是什麼？有些人認為心就是這些不停冒出來的思想。那只不過是淺層心的表面而已。你站在海邊，你看到的海是什麼樣子？你看見海浪，也會聽見海潮的聲音，這就是大多數人所認識的海。可是有過潛水經驗的人就知道，到了離水面十英尺以下的地方，波浪和潮聲都沒有了。知名的法國海洋探險家庫斯托（Jaeques-Yves Cousteau）寫過一本書，書名是《靜默世界》（*The Silent World*）。他的這本書讓我對潛水產生興趣，我非常愛好這項活動。有時候我會帶著氧氣筒到海底靜坐，那是非常美好的靜坐之處，魚都會游過來向我的蛙鏡裡面望，是非常奇妙的經驗。你越是能靜下來，大自然就越能跟你相應。

海洋的深度是有很多層次的，一到不同的層次，海洋就會變得不同，溫度、壓力、洋流、生態等等都會不同。我們的心是個同體的巨洋。你要明白，依照瑜伽傳承的觀念，個體心是不存在的。我們以為是自己個體的心，其實是被區隔的心。所謂被區隔的心，是同體心的一小部分被限制於具有某種外觀的個體，因而展現出某些特質、依某種特定方式操作。舉例來說，假如我把十個空桶沉入海中，海水會填滿十個桶，但是否會變成有十個海洋？有的桶比較大，有的桶比較小，桶中都同樣是海水，只不過在桶中的海水是被區隔的。一旦桶子沒有了，區隔就不存在，海水仍然是同體的。我們的心也是如此。

換另外一個角度來理解，我們的心是個同體、遍在的能量場，被區隔的心有如這股能量流入個別的電視機，依你所收到的信號波段不同而顯示出不同的畫面。

你所認為的「自己的心」，只不過是表面的那一淺層，就像海洋表面有波浪。你可不要被那表面的現象牽著鼻子走。有人說：「我打坐時，心中不斷湧現各種各樣的念頭、影像，我該拿它們怎麼辦？」我問你，在水下的潛水員該拿海面的波浪怎麼辦？他需要對付海面的波浪嗎？他是否需要試著去平伏它們？他是否需要去理會它們？他根本不必去理會水面的波浪，他潛在水面下往上望，看到自己搭乘的船隨著浪而起伏，心中想：「嗯，船還在上面。」

同理，靜坐之人不需要去理會心的表層波浪，他是下潛到心的深層處。那些深層的地方是寧靜的、靜止的、絕對靜默之處，他停留在深處。此時，他搭乘而來的船還是留在海面上，還是在隨波起伏。所以，當你在深沉的靜默中，對外的感官意識仍然會有作用。明白嗎？

因此，你表達的言語發自不同的心念層次，所發出來的聲音品質就不同，對聽你講話的人所起的效果也就不同。發自表層心念的聲音，聽起來是不悅耳的，會有擾亂的效果。當處於深層寧靜的層次，你送出一個小小的指令，讓言語繼續。這就是在靜默中言語的道理。

這需要訓練、需要時間，不是立即可以做到，而光是柔聲說話，並不盡然表示自己的心已經處於靜默中。閉嘴不說話比較容易做到，當然對於某些人而言，閉嘴就已經很困難了。光是閉上嘴，也不代表是在靜默中。例如，有的媽媽被家中喧鬧的孩子吵得受不了，就趕孩子出去，說自己需要靜一靜。可是，一旦孩子們都出去了，她坐下來的第一件事是打開電視。這能算是靜下來了嗎？不過是用一種噪音去取代另一種噪音罷了。如果你內心沒有那份靜默的話，你會忍受不了外在的寂靜。

改變自己的設定

我常說，為什麼有人要選擇受苦？現代人大多飽受寂寞之苦，尤其是西方社會裡，有好多寂寞的人。在監獄中，有些犯人被單獨禁閉，只給喝水和麵包。這是種特別的處罰，目的是給犯人吃苦頭。可是我們也知道有些僧人，他們選擇閉關，一個人待在關房斗室中，也只靠白水和麵包維生。禁閉的犯人受的是隔離的痛苦，閉關的僧人卻是樂在其中。兩者所處的外在環境相同，但是心境卻有天壤之別。如果同一位犯人在出獄之後洗面革心，出家成為僧人，他將會樂於進入關房。

所以，苦的感受是自己造出來的，完全在於你用什麼方式去解讀自己的遭遇，而你解讀的方式又完全取決於你的心態。你的心態就是一種設定，這種設定就成為你看事情的習慣。所以我們要試試檢查自己的設定、自己的習氣觀念，而不是把重點放在外在的環境條件上。只要你能改變那設定、改變自己的習氣，你對外在環境條件的感受就自然不同。同一個遭遇，本來會令你心煩意躁的，現在你卻能心平氣和處之泰然。這是一門非常細緻的功夫。

有時候，你一個人待在家裡，沒有講話的對象。這不一定代表你是在靜默中，因為你的內心還可能處於喋喋不休的狀態。取決點是你的意圖。在我寫的那本名為《修行五柱》[3]的小冊子裡有約略提到這個主題。你的意圖決定了一切，你的意念才是靜默之鑰。就算家中很熱鬧，你可以決定自己要進入靜默半小時。有了那樣的決心，你就能保持在相對的靜默中。只有你一個人在家中，你決定要守靜兩小時，那你才能得到靜默之果。

禁食的道理是一樣的。斷食一整天不難，在剛剛好填飽肚子之際立即放下碗筷才難，更難的是在填飽肚子之前少吃最後的三口或五口！我認識一位美國的腸胃專科醫師，他對腸胃的構造、疾病及治療無所不知，可是自己的胃大得像個鼓！他是別人腸胃的專家，把別人的腸胃都醫好了，偏偏不是自己腸胃的專家，連自己肚子飽了都不知道。我們絕大多數人都跟他一樣！不是嗎？我們連肚子已經飽了都不知道。我們能飽讀詩書，天文地理無所不知，卻不知自身何時飽腹。

有一年在美國，我們的上師斯瓦米拉瑪要開一門課，叫作「禪修高級班」。消息瞬間傳遍各地，弟子們紛紛由各地趕來聽講，人人都不想錯過，大家都希望自己的靜坐功夫能更上層樓。所以來了一大群人，我也當然敬陪末座。課程是在星期五晚間開講，斯瓦米拉瑪站在大家面前，滔滔不絕地講了整整一個半小時，內容是：「養成規律上大號習慣的重要性」。他質問大家：「你們這些人想要深入禪定，可是如果連這個都不能有規律，你還有什麼別的能有規律！」

我們常常高談闊論，喜歡講大道理，小事情卻做不到。

今天就講到此處，明天再繼續。不過我要提醒大家，我們開頭一起做的那個大約二十五分鐘的靜坐，希望你們能夠照著練習。這算是初步的靜坐練習，等你們熟練了，我再教大家下一步。如果你已經在我們傳承中接受過啟引，在這個階段的方法略有不同，我們會另外找時間說明。

不過我要強調一點，如果你沒辦法每天騰出二十五分鐘，那也無所謂。我教你另外一個辦法。你所需要的，就是一分鐘。每次只要一分鐘，兩、三分鐘更好，不用多。你不妨現在試試。

坐直。假如你是坐在椅子上，最好能坐在椅子的前緣，才容易保持背部正直。放輕鬆。把注意力帶到你此刻所坐的地方，感覺你的整個身體，從頭頂到腳趾。把緊張的情緒放下。放鬆額頭，放鬆下顎。放鬆肩膀，一路放鬆到手指尖。放鬆胸部、胃部。放鬆髖關節，一路放鬆到腳趾。放鬆腿部肌肉，放鬆髖關節、肚臍、心窩部位、胸部。放鬆臉部、額頭。

輕輕地把注意力帶到呼吸上，體會呼吸在鼻中流動和接觸是什麼感覺。輕柔、緩慢、平順地呼吸。呼氣到盡頭時，下決心不要停頓，立即去感覺吸氣。吸氣到盡頭時，下決心不要停頓，立即去感覺呼氣。保持呼吸平順、輕柔。

現在，在你心中決意，下面的一分鐘之內，沒有任何雜念，就專注於感覺自己的呼吸在鼻中流動和接觸的情形，呼吸之間沒有停頓。一分鐘，現在開始……

保持覺知這股呼吸之流，輕輕地睜開眼睛。眼睛睜開後，繼續覺知呼吸之流。

很多人仍然閉著眼睛，不想出來。這就是一分鐘靜坐。你是否感覺到自己的心境已經有所不同？只要一分鐘就夠了。每天這裡一分鐘、那裡一分鐘。站在巴士站等車時的一分鐘。你去參加宴會聚餐時，在目的地之前兩個街口停下來，練個一分鐘。聚會結束後，在回到家之前兩個街口停下來，給自己一分鐘，整理一下心境，把剛才聚會時紊亂的心收回來。每次只要一、兩分鐘。如此重複地多做，你就能鍛鍊出進入靜默的技巧。

在用餐前，你可以祈禱或靜默一分鐘，那你很可能就不會過食，因為你的心念會處於斷食的狀態，只是身體在吃。這才是真正「在斷食時用餐」。

注釋

1 譯注：*Sacred Journey - Living Purposefully and Dying Gracefully* by Swami Rama, Himalayan International Institute of Yoga Science & Philosophy, 1996

2 *The Light of Ten Thousand Suns* by Swami Veda Bharati, Full Circle Publishing, 2001

3 譯注：《修行五柱》已經收錄在斯瓦米韋達所著《夜行的鳥》一書內。（*Night Birds - A Colletion of Short Writings*, Ahymsin Publishers, 2002; 中文簡體版由北京中央編譯出版社發行，2014）「修行五柱」分別是：靜止、斷食、靜默、戒淫、伏眠。

第2講　靜坐的樂趣來自永恆的自己

印度最偉大史詩《摩訶波羅多》（*Mahābhārata*）的作者聖人威亞薩，他曾經陷入絕望，高舉雙臂呼道：「因為有道，一切才得以實現。為什麼世人就是不肯循道！」

同樣地，我們只要肯堅持前面所教的簡短靜坐，我們的心念就能沉穩，人生一切都能因而變得穩定。如果你有靜定的功夫，你就會有吸引力。雖然上帝沒有賜給你有如天仙的容貌，可是你上街走進一群陌生人中，大家都會在你背後耳語嘆道：「這個人真美！」你既然已經嚐到這樣簡短靜坐的美好滋味，為何不天天利用生活中的空檔去品嚐它？

我常對人說，我從來不信紀律，只信享樂，我是個享樂主義者。假如我們把吃糖果變成一種宗教紀律的話，世界上的糖果店都會關門，生產糖果的工廠也會倒閉。可是因為吃糖是種享受，大家都愛吃。

假如你把靜坐看成是一種紀律，你就是被強迫去做，縱然是你自願強迫自己去做的。問題是你因為害怕或敬畏上師而做，不是因為愛而做。如果是這樣的話，靜坐就幫不了你。

靜坐應該要能夠為你的人生帶來安詳、信念、穩定的活水源頭。你依照我們前面所教的方式去坐，是否能享受這個過程？你站在路旁等巴士，過了二十五分鐘巴士還沒來，你不停地探頭遠望，不停地失望，這二十五分鐘一定會覺得很長、很難過。同樣的二十五分鐘，坐在這裡閉著眼睛，身體保持靜止，你卻享受它。這二十五分鐘，你是和你的宇宙真愛在一起，你是從仙壺中啜飲真露，你為何還需要去飲用凡間之酒？你儘管去喝個酩酊大醉，這種真露之酒不會讓你有宿醉之苦，早上醒來頭不昏不痛。晚上睡覺時，你可以躺在床上數著自己的呼吸。與其數羊而眠，為何不數息而眠？還有，你應該也要教孩子開始靜坐。

理想的啟蒙教育

當然，理想的啟蒙教育其實要更早開始。對孩子的教育應該從幾歲開始？你想知道嗎？應該從受胎的三年之前就開始訓練孩子，可是大家都不知道這個道理。如此，孩子生下來就已經有了三年又十個月的訓練，無論你想給孩子什麼訓練都行。在那三年又十個月的時間裡，你可以訓練你未來的孩子成為酒鬼、成為一名容易動怒的人，你也可以訓練出一位先知、聖人、賢人、智者、心靈導師。決定權操之在你。有些偉大的靈魂想要投胎，但是苦於找不到合適的父母。縱然世界的人口暴增，他們仍然找不到父母，有誰願意在孩子受胎之前貢獻出三年的歲月來淨化自己呢？

我們前面說過，造業最主要的是心念的作為在造業，其餘的作為，像是言語動作，不過是表達出來的心念作為。你不停地動某種念頭，幻想也好，欲望也罷，都是在培養自己的心地形成某種習性，養成某種人格，終有一天念頭會變成實際的作為。斯瓦米拉瑪說，人類生下來時都只能算是半成品，必須要把自己變成完美的成品。可是我們都只是在讓自己「完結」，卻沒有讓自己完成。人類和宇宙其他產物不同，宇宙其他產物生下來不是靜止不前，就是開始衰敗。唯獨人類具有覺性，有意志力，能下決心，如果他希望完成自己，他可以做到，只有人類才能做到。當然這還需要得到神恩做為助力，他必須知道如何打開自己以獲得神恩。所以，在那三年十個月的期間，夫婦兩人都要知道該如何訓練自心，重新訓練，重新設定自己。他們需要不斷地祈禱、不斷地持咒，選擇聖潔的生活方式，採取聖潔的作為，培養聖潔的心態和情緒。

例如，夫妻在那段期間內能持續地誦持〈蓋亞曲神咒〉（gāyatrī）不懈，我保證生下來的孩子就不必進普通的學校學習。我本人就從來沒進過學校，從來沒上過課學習什麼。需要文憑、學歷時，我就坐下來參加考試。我的博士論文在還沒申請學位以前就寫好了，第一稿交進去就過關取得文憑。這都不是我的功勞，而要歸功於我的父母，因為他們在我受胎前的三年之間做了他們該做的事，讓我不必把人生歲月浪費在學校中。你們可憐的孩子卻被送入學校，背誦、背誦、記憶、記憶。世界需要心靈導師，你們可以為世界製造聖人，不要坐著呆等基督再來、彌勒下生或上師轉世。起點是，你要把靜坐變成是一件樂事，天天去享受它。

專心才能享受

目前你完全沒有在享受人生，因為你不懂如何去享受，我建議大家該好好閱讀斯瓦米拉瑪那本名為《享受人生之藝》[1]，反覆去讀。很多人都因為暴食而把肚子撐大了，卻仍然有股不滿足感。有人問我：「為什麼我會暴食？我用餐前都決心不要暴食，可是最後仍然吃過頭。」我說：「因為你沒有在享受進食。」他說：「什麼？如果我不享受進食，為什麼會吃過頭？」會吃過頭，正因為你沒有在享受進食！你只是在吞嚥，在猛把食物往嘴裡、肚裡塞。

享受，是因為能專心才能享受！你要記住這個道理。你根本不懂品嚐食物，不懂如何專注於每一口食物。否則，只要一小口橙汁也能把你送到喜樂境地。我可沒有誇張其詞，飲用橙汁對我就是極大的享受，而你卻沒有嚐過什麼才是橙汁，你沒學會，也沒人教過你要去專注於那微妙的味覺、口感。你會的話，只要一口就能讓你喜樂不已。巧的是，在印度的《奧義書》中，「神」也被稱為「rasa」，這個梵文字的字面意思就是「汁液」、「精髓」。經文說：「祂是汁液，祂是滋味，祂是精華。因為那 rasa，修行人覺得喜樂充盈。」

所以，在禪定的心態中享受食物，就是斷食。斷食的意思是好好享受食物，因為所有的喜樂都來自於神，所有能讓人喜樂的都有神在其中。如果你能用這樣的心態去享受，那你所經驗到的，就會是對神的體驗。

永恆之光在你我之中

我們整個宇宙都不是由固體的物質所構成，整個宇宙都是由光所構成。容我再為你讀一段短文，取自《萬陽之光》：

地是光。天是光。你肌膚之美感、你孩子臉頰之柔嫩、你眼中之愛意都是光。是光變成了一片葉、一段枝、一棵樹。光是由一座光之山中流出，形成一條光之河。凡是你無法經驗到的，就不是光。其他都是光形成的海洋中的波浪，那光是無盡喜悅，是神之喜樂。真理之湖以及虛假之幻影都是光。

你聽見的歌曲是光進入你耳中。甜美的滋味是光落在味蕾上。愛是你心中的光，正如同禪定是你靈魂之光。光披著許多外衣，其中最亮的那件是你的祈禱。音聲是宇宙之波，言語是神之靈，它們是你內在之光，穿戴著的身體是外在表層之光。

既然你的眼睛生來只是為了看見光明，你為什麼要崇拜黑暗？將你黑暗的憤怒以及深深的鬱悶放在一旁。讓我們保持靜止片刻，光波的夥伴們；靜止。你不見自己焦躁的風已經平靜，決意之光又照亮了你的內心？在真理智慧之光的神壇上，點燃一盞愛之光。

從今日起，願你走起來像是光的生命體，留下光的足跡。讓光成為你唯一之樂。光。

聖人、瑜伽士、先知們為了要引領我們走出苦痛，所以傳授我們喜樂之道，也就是光之道。不是那種一時亮、一時暗，一時亮、一時暗的光，而是永恆之光。那個光芒就在你我之中，當你真的見到了，就會自覺魯莽，居然沒意識到我們都是光之生命。瑜伽大師能給予弟子最高的啟引，是啟引弟子進入光中，讓弟子見到自己就是光之生命。你該尋求的，是那個喜樂，那不叫紀律。

不管你的外在從事什麼活動，你內心最深處要時時念著那個本我，那是一切的本我。要像個熱戀中的人，時時在惦念中。新婚的戀人在婚後第一天上班，無論工作再忙，彼此還是會整天思念著對方。同樣，敬愛神之人，生活再怎麼忙碌，還是會沉浸在對神的愛中。一位母親在廚房中忙著做飯之際，她的寶寶睡在隔壁房裡的搖籃中，寶寶只要一轉身，母親立刻就進來探視。她是怎麼辦到的？因為她心中有一條線無時無刻不繫在寶寶身上。歐洲中古世紀藝術作品非常流行的是耶穌基督的聖嬰形象，到了現代反而少見。印度主婦最喜歡神明奎師那的形象是嬰孩奎師那，幾乎家家戶戶的廚房碗櫃中都有個在爬的嬰孩奎師那。因為，如果你無法將神視為自己的父親、上師、愛人，就把神明視為睡在自己心中搖籃內的寶寶，像一位心念始終繫在寶寶身上的母親，無論再怎麼忙，無論身在何處，心中的那條線讓她無時無刻不惦記著自己的寶寶。

你要做到無時無刻不憶持本我的地步，祕密就在你個人的咒語。咒語就是那條連繫的線。它不是任何祈禱的經文，它不是你在什麼書上看來的咒語，那些沒有如此的效應。一定是要得自正統傳承在啟引時親口授與的咒語，才具有力量。它是源自你心靈導師的一滴心識，經由啟引的過程滴入你的心識中。它是一滴光明，是一滴靜止。那個靜止是由他的上師所傳授給他，而上師的靜止又得自於他的上師，上師的上師又得自於他的上師，是如此輾轉一代一代傳下來，往上可以追溯到至少五千年之前！

瑜伽的傳承史觀

有一本《大森林奧義書》（*Bṛhadāraṇyakopaniṣat*），成書於西元前十四世紀，它列舉了到當時為止所有六十九代的祖師，誰傳給誰，誰又傳給誰。這世界上，有些文明的歷史是在記載那一年誰征服了誰，誰推翻了誰，誰是帝國的君主，誰建造了金字塔一類的事蹟。那是他們的史觀。瑜伽和禪定則是源自一種完全不同史觀取向的文明，誰征服了誰，誰推翻了誰，誰是帝國的君主，一共建造了多少金字塔等等，絲毫不重要。以前印度人幾乎沒有寫過所謂的「史書」，對於「歷史」並不重視。可是印度古人寫過規模宏大的「史詩」，《摩訶波羅多》是人類有史以來最長的史詩，長達十萬句之多。今天的歷史學家對於這部史詩所記載的歷史「事實」以及它的年代有許多爭議。

但是他們不了解，《摩訶波羅多》不是歷史，它的目的不是在告訴我們以前「曾經發生過什麼事」，它的目的是告訴我們，當如此如此的力量相逢，「就會發生什麼事」，而《摩訶波羅多》裡面所描述的戰事，今天仍在發生！

所以，瑜伽和禪定所源自的文明史觀是，誰傳法給誰，誰又傳法給誰。時至今日，兩位斯瓦米初次見面時，他們會先向對方說：「南無那羅延那耶」（Namo Nārāyaṇaya），意思是「我向您內在的神明禮敬」。Nārāyaṇa（那羅延）是至尊神明毘濕奴的另一個名字，字面意義是「在水面上默思者」。這和《聖經．創世紀》所描述的在水面默思的神之靈，可以說是完全相同。斯瓦米也不會問對方：「請問您從哪裡來？」而是說：「請問那羅延是哪裡來的？」、「請問那羅延的道場在哪裡？」其次，我們會互問：「您的傳承是哪位？」而不是問：「您的傳承是什麼？」這是間接在問：「您的上師是哪位？誰是您的導師？」要這樣問答之後，我們才算是彼此認識了。師承是非常嚴肅而重要的。

這使我想到有些國家的入境表格要你把自己的來歷交代清楚，乃至要填寫父親的姓名，我每次都要遲疑一下，因為我已經出家，不可以有父親。這還不算什麼，最令我感到好笑的是填寫「婚姻狀況」，是已婚、離婚、喪偶還是未婚。為什麼沒有「出家人」的選項？讓我不知道該如何作答。

在傳承時，上師傳給徒弟的是咒語，以及給予徒弟為後代求道人啟引的力量和資格。相傳人類這一劫循環的始祖是摩奴（Manu），一日他決定將自己的所有財產都分給兒子，但是最受寵的小兒子卻沒分到，因為他被送去「上師之家」（gurukulam）學習。這是一項古代的教育方式，所謂的上師之家在當時就是上師在森林中隱居的房舍。等小兒子回家後，發現所有財產都被兄長們分光了，不免失望，摩奴卻對他說：「來，我把最珍貴的留給你，就是天啟給我的一段咒語。」所以父親就把天啟的咒語傳給了小兒子。在傳承裡，當我們要持誦某個咒語時，要感念那位首先受到天啟而將咒語流傳下來的聖人。但是這個由摩奴傳給兒子的咒語，在《吠陀》中卻告訴我們要感念兒子，而不是感念受到天啟的父親。這是一段有趣的典故。

根據《大森林奧義書》，我們傳承到了西元前十四世紀已經有六十九代。那個時代的人，尤其是這些祖師，通常會比現代人長壽，但就算每一代祖師的「任期」平均是二十五年好了，六十九代就差不多有一千七百年，我們算兩千年好了。所以要往西元前十四世紀再上溯兩千年，從西元前十四世紀到佛陀是八個世紀，從佛陀到耶穌基督是六個世紀，從耶穌基督到制定斯瓦米僧侶制度的聖人商羯羅阿闍棃（Śaṅkarācārya）又是八個世紀，到我們現代又是十二個世紀。

因此，這個傳承已經是至少有五千四百年之久的師徒相傳不絕的體系！我們所秉承的、所連結的，就是如此源遠流長的傳承。當你在談及我們的傳承，當你接受啟引、領取咒語時，你應該要了解自己已經和這整個傳承之鏈連結在一起。我的上師斯瓦米拉瑪以前對我說過：「你出什麼狀況，整條傳承之鍊都會為之震盪。」那時我還沒有出家，有時碰到世間不如意的事，也會擔心憂慮，或陷入情緒低谷，這時他就會打電話提醒我：「因為你，整條傳承之鏈都在震盪！」他常安慰我：「要知道，現在已經不再是你獨自一人在處理難題了！」

大家不明白這是一份多大的福報、多大的恩典。所以你該接受這個連結，珍惜它，享受它，然後學習進入心內更深的層次。

很多人抱怨：「我學習靜坐這麼多年了，可是我就是沒有什麼進展，無法更深入，無法超越。」朋友，這有兩個解決之道。一個是你的付出。另一個是恩典，你要找到一位能夠拉你一把的老師，幫你突破。其後，你當然還是需要繼續付出努力。但是在這恩典還沒有來臨之前，當你碰壁時，你要有勇氣，要發心，對自己說：「我下決心要超越、要突破這道牆。我要扯下這層布幔，要進去。」慢慢地、慢慢地，你就會超越，抵達下一個境地。

真理密行的力量

我講一段故事，跟這次講座的主題有關。不過，為了讓你更容易明白這個故事，我又必須先講另一個故事。有些人可能已經聽過這些故事，就耐心再聽一次吧。這些故事都是出自印度的古籍。

梵文有一個傳統的詞叫「真理密行」（satya-kriyā），字面的意思是「如實遂行真理」，真理密行是始終默默地重複實行某一件善行而不張揚，這個行為本身就會累積能量，可以憑之起誓而得到應驗。如今的印第語中也有這個詞，不過就只有單純的發誓之意。可是你發誓是以什麼來起誓？一定要有某種力量在其後，誓言才會靈驗，而那個力量應該是真理的力量。第一個故事就是在解釋真理密行的力量。

話說印度古時的明君阿育王，有次來到恆河邊，他的大臣陪侍在側。阿育王忽然心生奇想，就問身邊的大臣：「不知道世上有無可能讓河水倒流？」大臣們小心翼翼地回答：「稟皇上，人力勝天的事很多，但是這一件恐怕難以如願。」

此時正巧有位妓女站在附近，聽到這段對話，就上前對皇帝說：「請容許民女向聖上稟報，我並非對您賢能的大臣們不敬，但是要河水倒流確有可能。」

皇帝聽了十分訝異，「妳懂什麼？難道妳能辦到？」

妓女答：「請容許我為您試試。」於是她站在原地，在心中默默用自己的真理密行起誓：「以我所密行為誓，願河水倒流！」

眾人正在懷疑之際，腳下恆河之水果然開始緩緩倒流。

皇帝眼見河面在不遠的上游地方開始堆高，立即說：「夠了！讓河水回復順流而下吧！」妓女照辦。

然後皇帝問她：「妳只是一名妓女，怎麼會有如此神力？」

她答：「民女並非什麼瑜伽大師，只因為家境緣故，才以此為生計。為了救贖自我心靈的緣故，便暗暗立誓要絕對尊奉平等心之德行，無論是公卿王侯、平民百姓，乃至痲瘋病人，必定平等待之，絕無區別之心。這些年來，均能保持初心，毫無踰越，也從未對人言及，直至今日適逢聖上，乃以如此密行起誓，得以讓河水倒流，幸未辱之。」

所以，無論你此生以什麼為生、是什麼地位，你都可以找一件真理善行去如實奉行。前提是你必須要守口如瓶，把它當作自己的祕密，它就會有力量。如果你把祕密說出去，就是在用掉它的力量。

譬如說，有人做了對不起你的事情，你可以暗中，一定要暗中，為他祈禱，你也可以在夜晚默默地放下一朵鮮花在他的門口，但是要堅守祕密，不要被人撞見，不要說破，如此堅持下去，一天、二天、一星期、一個月、六個月、一年，然後你且看如何。我們要求你把自己的咒語守好，不要對別人說，也是這個用意。你要能守得住祕密，它的力量才會在你內在壯大。

第一個故事是在說「真理密行」所能帶來的力量，現在來到第二個故事。

從前有位國王，他有個哥哥很早就出家，在異地跟隨上師修行。哥哥後來成為一位大師，也回到故鄉，就住在王宮對岸的森林中。他的弟弟國王拜他為上師，接受他的指導。所以，哥哥雖然不是在治理國家，卻是在領導國家，這是更高的成就。你只要能領導社會中少數關鍵人物，就能領導整個社會。只要你對國家的幾個關鍵人物有影響力，就能影響整個國家。

其後，國王的妻子懷了身孕。在印度，雖然大多數人根本不知道對孩子的教育應該要從受胎之前三年開始，可是大家都知道在懷孕期間要非常注意「胎教」，連再嚴苛的婆婆都不會讓懷孕的媳婦有任何不快。所以孕婦會受到大家小心呵護，她要什麼，只要能辦到都會給她。她房中要擺著許多神明的畫像或雕像，她要經常閱讀一些聖人、偉人的故事，或者讓別人讀給她聽。

一天，皇后對國王說：「我想親近聖人，能讓我明天渡河去看你的哥哥嗎？」

國王說：「當然可以。」

第二天，當皇后要出發時，她發現沒有渡船，就問國王為何不備船。

國王說：「妳不需要船。」

她問：「那要我怎麼過河？」

「妳就只管站在河邊，仰望上天，用真理密行來起誓，河水就會分開。」

「真理密行？我從來沒有做過這種密行！」

「不礙事，妳用我的密行好了。妳就在心中對天立誓：若我夫君國王在接受他的上師啟引之後，從來沒有違背斷淫的誡律，憑此真理密行，願河水即刻斷流，讓我步行到對岸。」

「你怎麼可能會持那種戒，我肚中懷著你的孩子啊！」

「不用懷疑，妳照著做就行了。」

皇后雖然滿腹疑雲，但是她仍然願意相信國王，就如法照做。結果，河水真的分開，所以她能夠走過河床到對岸。在森林中，她見到國王的哥哥，依印度傳統為上師獻上自己親手準備的飯食，聽取上師的智慧之語。到了該回宮的時間，她向上師辭行，也告訴上師，自己並沒有船過河。

上師告訴她：「妳就用早上同樣的方法，用妳的真理密行起誓就可以了。」

「但是我沒有自己的密行，早上已經把國王的給用過了。」

「很簡單，妳就用我的。妳在河邊起誓，若我的上師在接受他的上師啟引之後，從來沒有違背斷食的誡律，憑此真理密行，願河水即刻斷流，讓我步行到對岸。」

皇后聽了又覺得意外，心想，上師怎麼可能一直在遵守斷食的誓言，我明明親眼見到他食用我為他所準備的供養飯食！但是有過早上的經驗，她還是決定服從上師。結果，河水又為她斷流，讓她走回對岸。

回到宮中，她做的第一件事情就是向國王追問，以兩件明顯不是真實的事來起誓卻能夠得到應驗，究竟是什麼道理。

國王解釋：「那就是重點之所在。妳要知道，心是有許多、許多、許多層次的。我們在世間的一切所作所為，都只需要使用到最表層的心念。而一般人在還沒有被啟引進到最深層次的心地之前，他只能覺知到最表層的心念，所以他以為那個表層心念就是整個的心，以為他的行為要動用到整個心地。例如，當他在進食的時候，他的心念在享受食物，可是那個心念就如同是大海表面的波浪，那小小的波瀾在整個心地的巨洋之中，只是微不足道的一小部分而已。但是對於已經被啟引進到最深層次的人而言，心地的其他部分根本沒有用在進食的行為上。因為我的上師所給我的啟引，我能覺知到整個心地，在那個深度的心地，我是保持在斷絕淫慾的狀態。可是在從事一般世俗的活動時，我要動用到表層的心念，也會有喜怒哀樂的感受，外表看來和一般人沒什麼不同。這個道理也同樣適用於我哥哥，自從受到他的上師啟引之後，他就一直處於深層的心地中，保持著斷食的心態，而當他把食物放入口中時，食物並沒有觸及深層的心地。」

你懂了這個故事，就會明白，真正的靜默、真正的斷食、真正的靜止，是要保持在那個深處的。透過靜坐，你可以抵達那個深度。那個深處，就成為你心地的真實境地。以那個深處為本，你的行為舉止自然就不會踰矩，那你才得自在。如《奧義書》中所說：

na karma lipyate nare

此人已不受作為所污染

人不再受業行所玷污、所拘束。這是瑜伽禪定中最重要的內在奧祕之一，也是你應該發心嚮往，在此生要成就的境地。即使此生不成，下一生也行，但是你一旦開展，就不要退卻，要堅持下去。

有時候，我見到有人在接受啟引之後不再努力向前，自暴自棄，這會讓我為他難過。「嗯，斯瓦米吉，你好幾年都沒有再來看我們，也沒有其他老師來我們這裡……」你不需要別人來督促你，督促、召喚應該是來自於內在。每個人永恆的上師都在自己之中，斯瓦米拉瑪在那本《神聖旅程》書中不斷地提到「內在上師」，讓那位上師去提醒你、呼喚你。不要因為別人提醒你、督促你而做，要自己樂意去做，你才是在享受其中的樂趣。

記住，有機會就去做一分鐘的靜坐。它的樂趣不是來自外在的對象，而是來自永恆的自己，是伸手可及，永遠伴隨著你的，要學會享受它，要一做再做。你會越做越巧，越巧越愛做。

願神祝福你。

譯注

1 *The Art of Joyful Living* by Swami Rama, Himalayan Institute Press, 1989，中文版書名譯為《心的嘉年華會》，生命潛能文化事業有限公司，1999。

第3講 靜坐環節的分解與體驗

剛開始時，我們有一段大約二十五分鐘之久的靜坐，這是我們喜馬拉雅瑜伽傳承介紹給初學者的一套有系統的靜坐法。有些人一聽這是初學者用的，就不以為然，希望能學些高深的功夫。可是這一段短短的靜坐過程中，其實包括了許多重要而有效的環節，我們在做的時候並沒有停下來說明它們真正的意義何在，如果你不留心就會輕易地放過去。

我們現在為大家挑幾個部分，分解開來體驗一下，你要仔細感覺一下每個環節對你的身體和心境，有什麼微妙的影響。我希望你在讀到這一段之前，一定要先跟著前面第1講的靜坐導引試著做過，當然越多次越好，先有了整體印象，再來逐一體驗個別環節，你的收穫才會更多。

✤ ✤ ✤

我們首先試試，先讓身體完全靜止。

一開始，很多人還是沒有靜止下來，你以為自己已經完全靜止不動了，可是，你還沒有，仍然會微微地前後或左右搖擺。可能身體某個地方會忽然抽動，也可能你會有某種想要動的欲望。

你要真正去感覺什麼才是「靜止」，看看你能夠靜止到什麼程度。

好，保持身體的靜止，睜開眼睛。你有什麼感覺呢？

大多數人都會體驗到，只要下這樣一個小小的決心，就能有所收穫。尤其是孩子們，他們越年輕開始，就越容易學會靜坐。

好，在你心中把剛才的經驗打個記號，這樣你才能記住。日常之間，無論你身處何處，可能正坐著開會，也可以進入靜止，別人不會知道你在做什麼。只要你能真正、真正靜止下來，只要短短三十秒，乃至十秒、五秒的靜止，就能發揮作用。

你可以繼續實驗這個環節，或者繼續到下一個。

（譯者按，此時有些學生似乎仍然閉目享受這個環節，斯瓦米韋達做拍手聲，打斷他們，要他們睜開眼，問：「你們現在應該知道，這個世界有多嘈雜！」）

我們再試另一個環節。

只感覺你的整個身體，不要去想其他任何東西。感覺一下自己，從頭頂到腳趾。你心中可能會浮現自己體表的形象。心念可能會想往內心深處去，但是現在不要跟著去，就只體會自己的整個身體，從頭到腳，從腳到頭，感覺自己身體所占據的空間。

保持這樣的覺知，慢慢睜開眼睛。

感覺一下，剛才這個環節，對你有什麼作用。

現在你的「菜單」上面已經有兩個單項可選。

把你的心念從外界所有的時空、這樣或那樣的問題、誰對你說了什麼、世界對你多麼無情殘忍，乃至世界多麼美好等等等，全部放下，只覺知你的整個身體。就這麼十秒鐘的全身覺知，是否讓你變得非常寧靜？你同意嗎？

現在我們試第三個環節。

首先，你跳出剛才那個狀態，回到世界來。

假設你的生活非常忙碌，責任很重，你只有二十秒鐘可用，那你大可以做前面那兩個環節，讓身體靜止，以及覺知整個身體。

如果你另有二十秒鐘，我們可以在你的「菜單」中再加一項供你選擇。

✤　✤　✤

我們平日的心念，不是放在過去就是放在未來，從來沒有放在現在當下。「現在」幾乎是不存在的，我們永遠不在「現在」中。「現在」是無法定義的，我們從來不知道「現在」是什麼。我們說話時可以使用「現在式」，但是我們卻沒有經驗過「現在」。當你想要說「現在」的時候，「現」這個字還沒說完，「現」已經溜過去了，「在」還在未來。所以，「現在」在哪裡呢？

「現在」只是非常微小的片刻，一般人類的知覺無法把握它，所以我們的心念不是停在過去，就是停在未來。帕坦迦利（Patanjali）的《瑜伽經》中第一個字就是「現在」（atha），第一句經文是：「現在，瑜伽之學。」（*atha yoga-anuśāsanam*），從現在開始，由符合資格的老師向符合資格的學生，根據傳承，來傳授瑜伽紀律的學問。這是本句經文的意義。第一個字是「現在」，可是很多人在解釋、在學習《瑜伽經》時，往往放過了這個「現在」，直接跳入什麼是瑜伽的紀律、瑜伽的修練。假如你能掌握到那個「現在」、掌握那個片刻，你就掌握到通往永恆的門徑。

我們試試能否抓住「現在」。初學的人可能不太能做到如此的專注，不過仍然不妨一試。

首先，把注意力從其他地方帶回來，帶到你身體占據的空間中。現在困難的地方來了，你把注意力就放在——這一剎那，它是一系列的剎那，那最微妙、最短暫的時間單位。你從一個剎那，換到下一個剎那，每次只注意到一個剎那，不要注意前一個剎那，也不要注意下一個剎那。看你能否保持每次只注意到一個剎那。

好，保持在此刻，睜開眼睛。

告訴我，你做得如何？這比較困難，不是嗎？

（學生回答，錄音不清楚。）

啊，的確。我沒有給予明示或暗示，但是你們有領過個人咒語、有在持咒的人，會覺得咒語自己開始在轉。這可以讓你明白咒語的效力。

所以這是菜單上的另一項。不管你生活多繁忙，能專注於「現在」做上五秒鐘，就很了不起了。你知道一秒鐘裡面有多少剎那嗎？古人的定義彼此有所出入，從幾百到幾萬、幾億、幾兆都有，反正是極大的數目。如此細微的時間單位，古人在觀察自己心念的速度時就知道了。我們常人連一個剎那都抓不住，不用談連續五秒鐘一個剎那也不放過！

這是第三個環節。

我們帶大家做個簡單的二十五分鐘靜坐，裡面就有許多深奧的環節。常常有人對我表示，他已經照這個方法靜坐很久了，現在想進一步練習更高級的靜坐法。我說，假如你真的已經做很久了，五秒鐘的絕對靜止就是很高的境地。能夠什麼都放下，只覺知到自己身體所占據的空間，五秒鐘就是很高的境地。假如你能真正觀察到「現在」的每一個剎那，不用五秒鐘，只需要一秒鐘，我告訴你，就能讓你如癡如醉！世間沒有任何酒能比得上它，而且還不用花錢。今天的商業社會，大家都講究成本效益、性價比，人生還有什麼比它更有效益？

懂了嗎？抓住要點了嗎？你還沒抓住那個點，因為你還不能專注於一點。這些環節無一不是關於那靜止中的一點，無一不是關於身體占據的空間那一點，無一不是關於時間中微細的一點。你能把「點」給變了，就能改變全世界。根據神祕主義蘇菲教派的說法，阿拉伯語中「神」這個字的點在上，而「分離」這個字的點在下。所以他們說，如果你把那一點由上面移到下面，神就和你分離。如果把那一點由下面移到上面，那麼原本是與神分離的，就變成了神，與神合一。所以你要抓住重點。

「點」是個很大的題目，無上的密學「室利毘底亞」（śrī vidyā）就是由原點所開展出來的一套學問，那需要專門開課說明。

✤ ✤ ✤

我們再來試第四個環節。

首先你要了解，雖然我們分開來做這些環節，但是你做其中之一的時候，其他環節自然都會跟著來。你由身體的靜止開始，自然會覺知到整個身體，自然會開始覺知當下剎那。你由覺知剎那開始，身體的靜止和整個身體的覺知會跟著來。你可以從任何一個環節開始。

問題是你們不斷地要求學些高深的法門，而這些就是高深的法門。還有什麼比絕對靜止更高深呢？還有什麼比一瞬間覺知自己由頭到腳，而沒有任何其他念頭，更來得高深？還有什麼比保持在對每一個如此細微剎那的覺知中，更高深的？

好，第四個環節。

你什麼也不用做，不要做任何準備功夫，不要改變你目前呼吸的狀態，就單純去覺知你的呼吸。不論你覺知呼吸的地方是鼻腔、是喉部、是胸腔、是腹部，都沒關係，不要試圖去改變它，僅僅去覺知呼吸就好。不要中斷覺知。

保持那個覺知，慢慢睜開眼睛。

雖然我們說，這些環節是個「套裝」，你啟動其中之一，其他都會跟著啟動，但是你僅僅專注於呼吸的覺知，應該就會體驗到有些改變。這個改變也許不是那麼明顯，然而如果你真的在專心覺知自己的呼吸，且不試圖去改變它，我認為你應該會發現呼吸狀態自然就出現變化，會慢了下來，完全不用你刻意去做。

僅僅覺知之力，就能讓它改變。所以，有的人會刻意去練如何將呼吸變得深沉、變得緩慢，他們是在練某種「技巧」。但是，在我們這個傳承裡，斯瓦米拉瑪教大家先練覺知，覺知才是關鍵所在。覺知是你改變呼吸過程中的關鍵。覺知也是你改變自己情緒狀態的關鍵，我們見到很多人展現憤怒的情緒，大呼小叫，他們根本沒有覺知到憤怒的情緒來襲。只要他們能有覺知力，就不會失控。覺知力就是控制力，覺知力可以改變自己的狀態。

希望你覺得這些練習很有幫助。

✤ ✤ ✤

我們再試第五個，這個比較不同。

現在，先開始做呼吸的覺知。不要刻意改變呼吸的狀態。保持對呼吸的覺知，同時去覺知你的整個身體。如果你同時覺知呼吸和整個身體，兩者會自然結合在一起。你會開始感覺到好像整個身體在呼吸，由頭至腳，由腳至頭。不要斷掉對呼吸的覺知，不要斷掉對身體的覺知……

輕輕睜開眼睛。

你覺得如何呢？這個和前面做過的四個有何不同？

你們當中可能有部分人會起一種非常微妙細小的感覺，好像整個身體在呼吸似的。先告訴你，沒有這種感覺也無妨，不是每個人都會有，也不是每一次做的時候都會有，每個人的感覺也不盡相同，所以不要執著於有或沒有。如果有，你知道那是什麼嗎？呼吸的空氣是不可能到達你的腳趾，也不可能到達你的頭頂，稍微懂解剖醫學的人就會質疑，空氣哪有可能到達身體的這些部位。但是你又的確感覺到有什麼東西，那究竟是什麼？它就是「氣」（prāṇa），我們一直告訴大家，這個「氣」不是呼吸之空氣的氣。我有看到現代科學家為它取了個很玄的名字，叫什麼「生物等離子」（bioplasma）之類的。你也可以為它再取個其他名字。

（有聽眾問，「prāṇa」是否就是電影《星際大戰》裡稱為「The Force」的那個。）

不是的，星際大戰電影中的「The Force」所描述的應該是我們前面所講過的「同體心」，不是「氣」。講到這裡，你知道有人認為這部電影裡有很多東西取材自印度的神話故事，我在看這部電影時，也感覺到它跟印度的《往事書》（*Purāṇas*）有很多相似之處。

講回「氣」，只要你能夠勤於練習，不要老是更換方法，大多數人應該都可以感受到它。如果你能感覺到「氣」，你就可以去學如何導引它，可以用來自我治療，可以用來提升自己的能量。我的醫師早就告訴我，我這個身體已經不堪操勞，否則就會垮掉。可是我每年仍然必須要四處奔波，所幸至今還活著。我只能說自己有三寶，一是上師給我的加持，二是我的意志力，我的使命還沒完成怎麼能死？還不准死。第三是靠「氣學」（prāṇa vidyā），就是氣的功夫，我一直都在用它。

好，現在我們的「菜單」上有五個選項了。

✤ ✤ ✤

現在我們不必很正式地做下一個環節，你不必閉上眼睛，我們試一個簡單的放鬆練習。

放鬆額頭，放鬆眉頭，放鬆眼睛，放鬆鼻孔，放鬆臉頰，放鬆下顎，放鬆嘴角，放鬆下巴，放鬆頸部肌肉。你每到一個部位，就觀察那個部位。

放鬆肩膀，放鬆肩關節，放鬆上手臂，放鬆手肘關節，放鬆小手臂，放鬆手腕，放鬆手掌、手指、手指尖。如果你覺得眼睛想閉上，也可以由它，不必強迫自己睜開眼睛。

放鬆手指，放鬆手掌，放鬆手腕，放鬆小手臂，放鬆手肘，放鬆上手臂，放鬆肩關節，放鬆肩膀。

放鬆胸部肌肉，放鬆心窩部位，放鬆胃和肚臍部位，放鬆腹部，放鬆髖關節，放鬆大腿、膝關節、小腿肌肉、腳踝、腳掌腳趾。反順序回去，放鬆腳趾、腳掌、腳踝、小腿、膝關節、大腿、髖關節。放鬆腹部、肚臍、胃部、心窩、胸部、肩膀、肩關節、上手臂、手肘、下手臂、手腕、手掌、手指、指尖。放鬆指尖、指關節、手掌、手腕、小手臂、手肘、上手臂、肩關節、肩膀、頸部肌肉、下巴、嘴角、下顎。放鬆臉頰、鼻孔、眼睛、眉頭。放鬆額頭。

觀察你心的狀態。觀察你呼吸的狀態。感受一下，現在跟放鬆前有什麼不同。僅僅觀察就好。

睜開眼睛。

在做這個環節時，很多人的眼睛會自動閉上。我刻意沒有叫大家閉上眼睛，因為有人曾經說我帶領放鬆練習就是一種催眠。如果我真是在催眠的話，我一開始就會說閉上眼睛。如果你做得正確，沒有受到什麼干擾或打斷的話，這個放鬆就會讓你進入自我觀察。這自我觀察就是重點。

現在我們試試不同的方式，大家都把眼睛打開，站起身來，動動身體，把剛才那個狀態打斷，以免延續下去。我們現在是在實驗，所以不希望有累積效果，而是每個階段要獨立起來，才容易看出它有無效果。

好，動過之後坐下來。為了避免被人認為我是在催眠大家進入放鬆狀態，我甚至都不用「放鬆」二個字。

現在，就把你的注意力只放到額頭，感覺一下額頭，如此而已。觀察一下這個部位的狀態。現在，覺知你的眉頭。覺知你的眼睛。你不必管眼睛是開是闔，由它去。覺知你的鼻孔，覺知你的臉頰，覺知你的下顎，覺知你的嘴角，覺知你的下巴，覺知你的頸部肌肉。覺知你的肩膀、肩關節、上手臂、手肘、小手臂、手腕、手掌、手指、手指尖。

覺知手指尖、手指關節，覺知手掌、手腕、小手臂、手肘、上手臂、肩關節。覺知你的肩膀、胸部、心窩、胃部、肚臍、腹部。覺知髖關節，覺知大腿、膝蓋、小腿、腳踝、腳掌、腳趾。覺知你的腳趾、腳掌、腳踝、小腿、膝蓋、大腿、髖關節。

覺知你的腹部、肚臍部位、心窩、胸部、肩膀、肩關節、上手臂、手肘、小手臂、手腕、手掌、手指、手指尖。覺知手指尖、手指、手掌、手腕、小手臂、手肘、上手臂、肩關節、肩膀。

覺知你的頸部、下巴、嘴角、臉頰、鼻孔、眼睛、眉頭，覺知你的額頭，覺知你整個身體。保持覺知，輕輕睜開你的眼睛。

這樣的效果和剛才的放鬆效果有何不同？即使我不說「放鬆這、放鬆那」，你是否仍然能感覺到放鬆？

✤ ✤ ✤

靜坐的祕密在覺知、在觀察。在靜坐的每一個步驟都要保持對自己的覺知，這是大多數人所不明白的一個祕訣。你能保持對自己的覺知，知道自己的種種狀態，知道咒語的狀態、身體的狀態、呼吸的狀態，其他什麼都不用管。這可以把你帶到《奧義書》稱為「以心觀心」（**manasā mana ā-lokya**）的境地。

前面這些也可以算是一種以心觀心，不過你是在觀察心在額頭中作用，你在觀察心在腳趾中作用。譬如你坐著，我要你去覺知你右腳的小趾，然後覺知它旁邊的第四趾，然後再下一個腳趾，再下一個，現在覺知大腳趾，現在覺知右腳全部五個腳趾。你以前可能從來沒有如此覺知過，你都是把所有腳趾混在一起。所以你可以把功夫做得很細。在練瑜伽的「大休息式」（攤屍式）時，有經驗的老師就能帶你做到非常細的境地。

再強調一次，祕訣在於觀察、在覺知，而不是在刻意有所作為。經由這個「觀」，你才能真正靜下來，才能止。你想要讓身體靜止，但是身體沒有本事自己靜止下來。身體根本不算什麼，自己靜止下來的身體只是個屍體，誰要那個？如此的身體有什麼用？所以是身體裡面的心靜止了，才是我們要的靜止。

唯有靠這種覺知力，才能帶你一層層進入更深的境地。你只需要覺知，其他都不用。你在靜坐的每一個步驟，都要帶著覺知。靜坐不是非要坐得久才是功夫，前面我們帶大家試的一分鐘、兩分鐘靜坐，你就可以用這裡介紹的環節，任何一個都可以。一條長繩，你拾起它的任何一段，整條繩都會牽動。再大的房子，只要你進入其中，不論你在房子的哪一個角落，你都是在整個房子裡。

我們在這裡還沒有做「搜—瀚」的環節，也還沒有做橫隔膜呼吸的環節，我們也沒有去感覺呼吸在鼻孔中流動，也沒有做感覺單一鼻孔呼吸、交換鼻孔呼吸、雙鼻孔呼吸，這些都沒做。

靜坐要由覺知身體粗的部分進到細的部分，乃至於接觸到更細微的部分，像是「氣」。然後，會進到一個境地，心的種種設定、種種作用不再存在，只剩下最純的心，那才是真正的「以心觀心」，這是相對比較高深的境地。最後，連心都要放下，都要超越。

最後，讓我引用兩段文字做為結束。第一段取自《萬陽之光》這本小冊子的詩句。多年以前，一場雨後，我在我們上師位於美國賓州弘思黛的學院中散步，見到樹叢中被雨水洗淨的漿果，心中有感，回到房中就寫了下來：

雨水洗淨的果實，
　溪流洗淨的卵石，
　　陽光洗淨的世人，
　　　持咒洗淨的心地。

葉子庇護的漿果，
　樹叢庇護的陰處，
　　月亮庇護的荒野，
　　　上師庇護的心地。

嗡為中心的言語，
　咒語為中心的念頭，
　　點為中心的圓，

風愛護的山，
微風愛護的崗，
詩篇愛護的先知，
神所愛護的心地。
靈為中心的心地。

削下捨棄身體外皮，
所有扭曲的氣脈舒展，
鬆開氣息糾纏的能量之結，
想著輕柔的無念之念。

以心中之眼來看那無可名數、
無空間可度量、以太陽搏動計時、
聖潔、守中、無拘的心地。

劍鋒之智，光銳之慧，
雙輪循著無路之路，
僅將心地放下：

持咒洗淨的心地，
上師庇護的心地，
靈為中心的心地，
神所愛護的心地。
訓過、練過、遺下的心地，
在走向神的聖道上，
受無污之靈所驅，
受聖者無心之心地所驅。

第二段文字是取材自前面提過，斯瓦米拉瑪的那本《神聖之旅》，最後一章，標題是〈我是誰〉：

有個古老的故事述說「創世」，神在造出了天國、一切星星、大地、空氣、流水、天空，以及地上、海中所有的生靈之後，才造出人類。當最初的那名人類醒來，第一次感受到世間的生活，他環視周遭的河流和湖泊、群山和森林、飛鳥和躍魚、大群大群的動物。他沒有出聲。他仰望天國、日月以及漆黑太空中百萬群星。他沒有出聲。當他終於觀察完周遭所有一切，包括「主」在內，終於，這大地上最初的人類看著自己，開口說：

「我是誰？」

「我是誰？」是人類的第一個、也是最終極的一個問題。要回答這問題，你就要經由觀察自己，才知道「誰－是－我」。披露一層又一層的覺知，掀開一道又一道的簾子，越過一堵又一堵的高牆，你終於來到那個光的中心。它超越了身體，超越了「氣」，超越了智性，也超越了情緒和心態。所有的情緒和心態都在此消融了，成為等無差別的愛，那就是靈之光。那麼，你就來到了自己的靈，並非和它面對面，而是了知自己就是它。願你早日有此了知。願神祝福你。

第2課　在居家實踐靈性生活

——斯瓦米韋達於二〇一三年一月進入長期靜默之前的講話。

短暫靜坐

把心念放在你此刻所坐的墊子上。

注意力往內。

放鬆你的額頭。

隨著你的咒語，覺知此刻呼吸接觸你的鼻腔、在裡面流動的情形。

緩慢、輕柔、平順地呼吸。

呼氣和吸氣之間沒有停頓，咒語前一句後一句之間也沒有停頓。

觀察此刻的心念、咒語、呼吸融合成為一股流體。

保持這樣的意識之流，輕輕睜開眼睛。

願神以及上師祝福我們大家。

我只計畫簡單談談，不能夠把此刻洋溢在我心中的一切做個全面的交代。回去後，你們可以自行鑽研，而比鑽研更要緊的是，你要去沉思默想這裡所講的道理。

今天的題目是「如何在居家實踐靈性的生活」。斯瓦米拉瑪有兩本書你們可以去研讀：《愛與家庭生活》[1]、《讓生命的花苞綻開：撫養健康快樂下一代之道》[2]。

無論你做什麼工作，
無論你有什麼作為，
無論你擺出什麼姿勢，
無論你說出什麼話語，
無論你投射什麼眼神，
無論你動什麼念頭，
無論你感受到什麼情緒，
每一項、每一次，都要能和天地之道相銜接。

這就叫作「聖禮」（sacrament，或者說「禮聖」），就是聖潔的生活方式，這就是修行的活動，你應該要終生奉行。

宇宙是個汪洋大海，是個有著許多層次的能量之洋。其中有些能量層次是科學家打交道的對象。有些無形的能量層次則只有追求靈性的人才能體驗發現。這種無形的能量，是當前科學領域所無法解開的神秘現象，它們叫作「超感」（atīndriya），超越了感官所能知覺的範疇。

那個能量之洋的每個層次都有各自的潮湧、洋流、波濤、浪花、泡沫，其中有個能量叫作「同體心」（samaṣṭi citta），是宇宙一體的心。它也有自己的潮湧和洋流。而瑜伽士能體驗到它的暗潮、洋流、波濤、浪花、泡沫。

若我們和這些能量相和應，我們的人生就會快樂、平和而充實。所以要學會把你個人心地中的每一件事，都和這個宇宙一體心、這個同體心，相對應銜接。唯有如此，你才能了解生命的神祕以及人生的目的。

宇宙這個能量場內的這些潮湧和洋流，就是我們時光的通道，成為我們的過去、現在、未來。這些潮湧、洋流相互交錯，它們時而匯流又時而分流。匯流、分流，是因為它們所秉承的業力而導致。

業力來自於作為。由於我們的作為，我們都是這宇宙能量的參與者。我們的作為，包括了我們的心念、我們的言語、我們的行動，驅使了這宇宙同體心裡潮湧和洋流的流向。

如果你想要明白生命的意義，請你務必要了解這個原理。這，就是業力。這些能量流都是生命的流體。當它們受到業力的驅使而交錯匯流，就是一條條生命在匯流交錯。它們會暫時成為同一股合流，直到各自分流為止。這股匯合的能量之流叫什麼？它們就叫作「家人」。

你要明白這個道理，所以家人，就是好幾股個別的流體聚在一起，然後又分離，隨著新的業力各有各的流向。

因此，既然你是參與者，你要有什麼樣的家人，取決於你。

人是從哪裡來的？核心在哪裡？中心點何在？中心點在胚胎的意識裡。這裡是母親的能量、父親的能量，以及這個靈體的能量，三方交會的所在。可是我們卻完全不注意對胎兒的教養。

請你務必要明白，這些叫作「匯流而成的胚胎」，每一個胚胎都是能量交會的所在。由此，我可以引申出很多論點。就所謂聖潔的生活方式而言，是在生活中意識到這整個宇宙就是「亞將」（yajña，火供）。當今「瑜伽」這個字很流行，但其實在印度的性靈領域內，「瑜伽」和「亞將」是孿生字，瑜伽是「內在的結合」，亞將是「聖潔的生活」，二者是一回事。

亞將的精義是「非我屬」（na mama），不屬於我，不是我的，全部奉獻出去，凡是我的所作所為都是投入聖潔火中的供奉。當我在餵孩子時，就是在從事亞將火供，我是在把供奉（食物）投入孩子內在那個「炁」（prāṇa fire，氣之火）。當我在進食時，也是在從事同樣的亞將火供，將食物投入我內在聖潔之火。如果不懂「亞將」這個字詞，你就不能理解何謂靈性的生活，就不能明白如何將修行實踐於日用之間。

所以，這就是一切聖禮、祭祀的源頭。你要了解業力的原理，要帶著「非我屬」的心態過活，也就是咒語中「南麻哈」（**namaḥ**）這個字的意義。

與此相對的是另一種生活方式，是「我屬」的生活，一切都是以屬於我為出發點，「我的」兒女，「我的」房子，「我的」家人，「我的」未來。這也是大多數人的生活方式，不是我們所謂的靈性生活。

傳統上，有少數（應該說已經極為少數）的印度家庭會把家中的一個孩子託付給修道院或是寺廟撫養，讓孩子在將來為廣大人民心靈上的需求而服務。這個傳統雖然已經極為少見，但是仍然存在，在印度的南部和東部地區較多見，北印度則較少見。有時候，如果星象家預言孩子會夭折的話，有的家庭就會把這個孩子交給一位上師撫養，原因是如果你是為眾生而活，你就能活下去。這是欺騙命運，也是欺騙業力的一種辦法。

這些亞將的行為、聖禮的行為、祭祀犧牲的行為（「祭祀、犧牲」的英文 Sacrifice，就是「變得聖潔」的意思，和聖禮 sacrament 是同一字源），它們的神祕何在？

你要了解這些字詞原本的意義，了解我所描述的這些宇宙能量流體的流動，以及為什麼它們會出現匯流。為了要珍惜、表彰這些匯流，世界各地都發展出各自獨特的慶典儀式。可是現代人對慶典儀式往往持著輕忽的態度：「喔，那只不過是種儀式罷了。」你會有這種看法是因為你只用身體在做儀式。真正的聖禮儀式是要用整個身心去祈求禱告，用所有的感官去祈禱，儀式中有東西發出氣味，有聲，有色，有花朵、火光，有東西在流動，在那個儀式、那個祭禮、那個火供的當下，那些能量變得更為活躍鮮明，讓你深深沉浸其中。

生育子女前的靈性準備

我發現當今的人，就拿生育子女這件事為例，他們該事先做好準備卻不做。我指的是靈性上的準備。在這個名為「家庭」的能量匯流裡，未來孩子的靈性位置何在？沒有人會朝這個方向去著想。他們所謂的準備，只是想好孩子要叫什麼名字，把孩子的房間佈置好，把搖籃買好。

當今的印度，傳統在我眼前快速流失，五十、八十年前的印度，我們在孩子生下來之後，還要等上好一段日子才會為孩子取名字，絕不會當孩子還在母親肚子裡就取好名字。這是因為胎兒的意識此時還在河中的船上，夾在兩岸之間。站在這邊岸上的人，他們只想到有一位將要來到此岸，而不會想到這一位已經離開了對岸。他（或她）是從哪兒來的？沒有人關心這個問題。這個胎兒一半的意識還連接著前一世，另一半才是連接著這一世。其實，胎兒對於將要來臨的這一世幾乎無所覺知。他（或她）在母體內能感受到母親所聽到的巨響，能感受到母親的情緒，因為胎兒的身、心、氣是深深地和母親的身、心、氣盤結起來的。臍帶不只輸送營養給胎兒的身體，還會輸送氣。母親的每一個念頭、每一個情緒、每一個動作，都是在教育胎兒。

但是胎兒還沒有成為你的孩子。這個意識體還在河中的一條船上，正從對岸駛過來。即使孩子已經呱呱墜地，他（或她）也還不完全是你的，前世留下的心印仍然非常強烈。

所以，不要急著搶認孩子為己有。依傳統的印度習俗，沒有人會在孩子還沒出生前就急著去為孩子買衣服，因為我們還不能把孩子認作是自己的，那個靈魂還不是我們的。這個過程是要經過幾個「站」的，這些「站」就是許多文化裡要舉行的種種聖禮、祭禮儀式。例如，非洲的心靈文化讓我留下非常深刻的印象，可惜世人對那裡的情形幾乎不聞不問。他們對於如何準備懷胎，如何迎接孩子出生，有一定的方法習俗。有幾本書曾經介紹過這些，可是，那終究是透過傳譯轉述而寫出來的。這話你們可能覺得不中聽，但是任何東西一經過翻譯就有一定的侷限，儀式背後的心靈意義是無法翻譯出來的。例如，在我們學院裡舉行儀式時所唱誦的禱文，就從來不加以翻譯。這個道理很多人都不明白。

所以，生育的準備過程是有幾個「站」要過的，這是屬於靈性的準備。我曾經是個在家人，為了準備我兒子來到世間，我老師要我修一種特殊的「室利昆底亞」法，我在當時美國家中的閣樓上做了整整四十天。那才是準備。你們有做任何這種準備嗎？我母親為了要懷我，事先整整持了三年的〈蓋亞曲神咒〉。多謝她為我做了準備，所以我從來不用上學就讀，而且九歲就可以為人講授《瑜伽經》。所以不只是在懷胎時才要做準備，受胎前就要開始準備，這些都是「站」，都是聖禮。

時至今日，也許你無法全盤遵循這些聖禮的原始心態，但是你要學習去領會不同文化背景下所舉行聖禮的精髓深意，不要以為那只是表面儀式而排斥它們。我在前面解釋過，儀式的意義是在用你的整個身心去祈禱，有些誦禱要用到口，有些動作要用到手，你的眼神要如何凝視、你的坐姿如何等等，都是參與儀式不可缺少的部分。

領受聖禮的精髓

我就常常見證到，不論文化或宗教背景為何，很多人在參加聖禮儀式時都會有神聖的體驗。我見到印度教徒在祭禮完畢後領取祭品食物時，他們臉上的神情和天主教徒、東正教徒在彌撒中領取聖體時的表情，是完全相同的。我心中明白，那表示聖靈到來了，在那一刻，聖靈降臨於你。

印度教徒在孩童到達一定年紀、可以學習經論時，會為他們舉行一個授予聖繩的儀式。猶太教孩童有類似的「授律」儀式稱為「bar mitzvah」。在瑣羅亞斯德教（Zoroastrian），類似的儀式則是稱為「Novjote」，孩童從此要學習經論，要開始為自己的行為負責。孩童要經過某種淨化的儀式之後，才開始學習神聖的經論。

但是你不可以只把這些當作儀式，一定要將它們所代表的心靈意義予以內化。一定要懷著虔誠肅穆心，要感受到神聖的一面，讓聖靈降臨。換言之，要讓所有的儀式，例如婚禮、懷胎、授繩、授律，成為一個家人的「匯流」活動。又例如孩童的受洗禮，參與者不是只有父親、母親帶著孩子，還必須要有聖靈，你不要忘記需要有聖靈在場。聖靈就是那個整體的宇宙意識，不論你稱之為神、上帝、天地或任何名字，甚至不予稱呼都可以。

我要告訴你的是，所有的聖禮儀式，你要領會的是它的神髓，領會它的精神，讓你的人生變得聖潔，讓你的家人變得聖潔。

古代希臘人在進食之際，會取出一小撮食物，心中默想「這是供奉阿波羅神」、「這是供奉宙斯神」。傳統的東正教徒則是取出一小撮食物供奉一切生靈。六、七十年前的印度鄉村有類似的傳統，父親和子女去散步時，會帶著少許砂糖，用來教導孩子去餵食螞蟻。這都是一種「施食」（bali）。

至於虔誠的人，更是每天有所謂的「五摩訶祭」（pañca-mahā-yajñas），要對五類生靈祭供，這都是聖潔的生活方式。

我在開始的時候說過了，我不能夠把此刻洋溢在心中的一切都講給你聽，但是已經把最精要的部分做了交代。回去後請仔細琢磨，彼此討論，看看自己能怎麼付諸實踐，怎麼讓自己的人生變得聖潔，如何讓你的家庭成為一股神聖的匯流。要切實了解，你的一言一行，你的一喜一怒，你的一個眼神，你手指的一動，你穿的衣著，你吃的食物，在在都讓它們和宇宙的真實銜接起來，這才是你該體驗的。

我們在為雲遊僧人們做千僧宴的供養時，在施食前，他們都會誦念《薄伽梵歌》的第十五章，這也是我牢記在心時時默誦的。其中一句是：

ahaṁ vaiśvānaro bhūtvā　prāṇināṁ deham āśritaḥ
prāṇāpāna-samāyuktaḥ　pacāmy annaṁ catur-vidham

我化為宇宙之火　住於所有生靈軀體之內
與入出息相結合　為他們之存續消化進食

你們有多少人是用這種心態來進食的？

真正在進食的是體內那個神聖之火，而你要觀想自己進食時是在將祭品投入火中供養。

我祝願你，成功地將這裡所講的想清楚，將之吸收為自己的想法和心態，你對生命及人生的看法就會有所轉變，成為一團活生生的聖火。

願神祝福你。

譯注：

1 *Love and Family Life* by Swami Rama, Himalayan Institute, 1992，中文譯版由中國瑜伽出版社發行，年份不詳。

2 *Let the Bud of Life Bloom* by Swami Rama, Himalayan Institute Hospital Trust, 2002，中文譯版由中國瑜伽出版社發行，年份不詳。

第3課　在日常生活中實踐「非暴」

——斯瓦米韋達在美國紐約州奧班尼市的講座，日期不詳。

暴力不存在於行為中，暴力是存在於心中。人生最大的恐懼莫過於對死亡的恐懼，你們應該要除去這個恐懼。而這恐懼的源頭，是我們內心深處知道，自己不斷地為其他生靈帶來死亡。

人類內在的光輝都源自於神性，都是神性的體現。暗的陰影則屬於物質。你不屬於物質，你本來自那神光之樂的光明國度，不過是被放逐到這個物質形態的表相世界。

你被放逐到這個物質的身體牢籠內，受困、受限，以為你就是這個幾尺又幾寸高的生命。而當你在原本的國度中，在那無限喜樂光明的世界裡，是不受黑暗陰影所侷限的。

這個生命的身體中有著億兆顆細胞，但比起那個以整個宇宙為身體、有著億兆個星球無垠純淨光明空間的本體，就顯得微不足道。

你不是這個身體，你的本體周遍一切。認識你自己。跳出這個牢籠，擺脫這個侷限，結束這個放逐。這裡的一切都帶給你煩惱，而你卻執著於這個煩惱之源，像是在牢房中待了四十年的囚犯把牢籠當成家一樣，不敢走出牢房回到世界裡。你就是這麼個囚犯。打破那些圍欄和枷鎖，是它們把你的本性禁錮在一個狹窄的空間裡。

如果你以為自己就是這個被拘禁在斗室中、小小一份被分離了的本性，被關在牢籠的鐵欄後面，那你就會是微薄的，你就會是微小的，你就會脫離、失去那無上本性。那本性是一體無盡的，只是被隔離，而不是分離成為多數的個體。在那本性裡，不存在有「他」。

整個宇宙世界，除了你，沒有他

我總是對大家說，只怕你們不夠自我中心，但是首先請找到這個「我」是誰，以誰為自己的中心。那個「我」，一旦認出那個才是你的本來，一切的「他」就都不存在了。

那個獨一無二的，那個「一」，就是你。

整個宇宙世界，除了你，沒有他。

你問：但我還是我，他是他，她是她，這豈不是多數、豈不是分離的嗎？

要多少個單位、多少數目才能組成「無盡」？所有的數目都在無盡之中，無論你從無盡中減去多少、增加多少數目，無盡並不因而減少或增加。無盡是不增不減的。這就是一體無盡。無論你們代表多少數目，自以為能從無盡中分減出來，其實根本沒有減去。無論你們代表的數目加了多少進入無盡，也根本沒有增加。這個數目的你，從來不在無盡之外。

當你明白了這道理，就知道神不是「一個」。我不接受有一個神，因為「一個」是數目，神是不可數的。神就是無盡。

當你住在那個稱為「無盡」的老家裡，你也是無盡。當你把自己視為一個可數的數目，你就自我放逐於老家之外。

有這樣的「知」，「恢復」這樣的認知，就叫作「阿興薩」（ahimsā），就是「非暴力」，沒有這種知，就不能算是非暴。

其次，是恐懼。

我在《瑜伽經釋論第二輯》[1]那本書中寫道：「恐懼和暴力是同義詞，可以互代。」只有心中懷有恐懼感的人才會攜帶槍枝。槍有多大，恐懼感就多大。你要知道某人懷有多少恐懼感，看看他槍的尺寸就可以猜到了。同樣的道理也可以用來檢視一個國家懷有多少恐懼感。

恐懼來自於觀念中有個「第二」，觀念中有「他」存在。只要「他」沒有了，恐懼就消失了。

你腦殼中有億萬個群體在不停的交戰，當投射出來就變成了國際衝突。只要個人腦殼中的群體還在交戰，無論簽了多少條約，訂了多少和平約定和停火協議，都無法帶來和平。和平始於心的平和。「阿興薩」始於心。「非暴」始於心。

黑夜中，你獨自走入一條狹窄的暗巷，你聽見逐漸接近的腳步聲，心想：「我只有一個人，不知道那是誰，我聽到的腳步聲來自何人？噢，那人來了，正朝我走來。我袋中要是有把刀就好了，我要是有把槍就好了，我覺得害怕。」

對面那個人也是獨自走在暗巷中，他或她也聽見了你的腳步聲，心想：「噢，有腳步聲，不知道是什麼樣的人？我要是袋中有把刀就好了。」

這兩個人究竟誰才是恐懼的起因？是你引起他心中的恐懼，還是他引起你心中的恐懼？不是你引起他的恐懼，也不是他引起你的恐懼。恐懼是那「有個他」的念頭所引起。

如果你成了那個周遍一切的本體，也就是《薄伽梵歌》經中所稱的「普在神明」（vāsudeva），存在於所有眾生、所有個體之內的神明。這普在神明是「所有一切」。在梵文中，神有很多種稱呼法，其中之一是「sārvan」，意思就是「所有一切」。所以，你看，神的名字是「所有一切」，神是全體眾生。因此，如果你找到了這個全體眾生，變成了一個周遍一切無所不在的本體，那你才算得上是以自我為中心，當然這「自我」的定義是不同的。現在的你，是以個人自我為中心，不是那個一體的自我中心。你現在的中心是被關在鐵欄後面，由時間、空間交錯而成的牢籠裡，這個斗室是由三種材料所構成：悅性（sattva）、動性（rajas）、惰性（tamas），也就是所謂的三「質性」（guṇa）。要逃出這個牢籠是非常不容易的。

你要打破其他的牢籠，會需要用到鐵鎚和鋸子，至於這個牢籠，你只需要一樣東西，就是「願力」（sankalpa）。不是希望，是意志願力。希望和願力是不同的，大多數人都只不過是希望能夠如何如何，而不是發下願力要如何如何。

能定的人，能把自己的心識聚攏，能讓它集中。目前在這個房間中，照在牆上，也照在我們臉上的燈光，若是能夠集中起來，透過一顆寶石照射出去，就會成為一道雷射激光，在外科手術中可以用來切割癌細胞、矯正眼角膜，或是把信號傳到月球。只需要這麼一點光就夠了，不用多。

你也就需要這麼一點意志力，不用多。用專注的寶石把它照射出去，你的意志願力會切穿這個物質的牢籠，你就能得到解脫，超越時間、空間的侷限，回到那稱為無盡的老家，在那裡，沒有「他」。

所有個體都是相續的一體

你是用腦殼裡面裝的灰色物質來思考，你用眼睛來看，用鼻子聞，用耳朵聽，用皮膚去觸，用手去提物、收受、抓取、給予、撫摸、拍打。你用腳走動，用消化器官消化，用心肺器官呼吸，用排泄器官清除廢物，用嘴巴說話——不，你說話時是先用到心，再動到你的嘴巴發出聲音，然後才有言語。

所有這些外在的器官，分別職司不同的功能，它們屬於誰呢？它們屬於某位，屬於那位能思考的，屬於同一位能看的，同一位能聞的、聽的、摸的、呼吸的、走動的、抓取的、收受的。所有這些器官、肢體，所有的細胞，都有不同的功能，可是你不會懷疑它們是屬於同一位，它們構成了整體。

有次，在一條動脈血管的大堂中，兩顆非常聰明、智慧極高的細胞聚在一起。其中之一說道：「聽著，我剛剛有了個非常奧妙的悟境，我才發現到，我才明白到，有一個本體，我們都因他而有，我們都住在他裡面，我們也會消失在他裡面。有一個本體，我們的自體都是從他獲得能量，當我們的細胞生命終了，那個本體還會繼續生存下去。我實在不懂為什麼其他的細胞，我們的兄弟姊妹們，還沒有領悟到這個真理，」

另一顆細胞說：「你在胡言亂語！你說的那個本體在哪裡？」

人體內的一顆細胞怎麼能看見這整個人！你根本無從向一顆細胞證明，有一個人的合體是由所有細胞聚合而成。每顆細胞都有不同的作用，一顆幹細胞可以變成肝臟，或者變成胰臟，或者變成眼睛。

你我的處境，同那兩顆細胞一樣。有一個本體，我們是從那本體生出來，我們住在那本體中，又終將消失在那本體中。

神在哪裡？能指給我看嗎？你能把人體指給那兩顆細胞看嗎？

能如此覺悟的人，就是「覺者」。「佛陀」（Buddha）這個字的意思就是「覺者」，表示已經覺醒的人，他所覺悟到的就是這個真理，到了那個境地就沒有「他」。

「非暴」就是從這個覺悟引申而來的道理。

就像是你從頭到腳的所有細胞，既是多樣的，又是一體的。它們彼此相續，在相續中，種種不同的作用得以整合。如果你能夠用這樣的觀點來看所有的眾生，就能看出我們都是同一個身體中的細胞，那個身體是個一體，周遍一切。所以，眼睛的細胞不會因為手拿著眼睛不想看的醜陋物體，而去謀殺手的細胞，因為眼手是相續的一體。只有當你明白到，這個你眼中的「你」的個體，和所有其他個體，都是相續的一體，才會沒有「他」存在。

非暴，不等於恐懼、懦弱與逃避

所謂「非暴」，甘地反覆告訴我們，不能跟恐懼混為一談，不能跟懦弱、逃避混為一談。甘地也說過，假如你的姊妹遭受侵犯時，你以「非暴」的理由不施以援手，那是懦弱。

世界上所有的武術功夫都是出家人創立的，印度所有的武藝都是瑜伽士創立的。中國的武術到今天也還是由出家人所延續、教導。你要怎麼解釋這個矛盾？

想想看。

印度的武術是瑜伽大師發揚的，流傳到今天。我們的上師斯瓦米拉瑪就是位武術大師，他的功夫真是無人能及。他為了辦道，經常要用到錢，有一次他獨自帶著大筆金錢要從德拉敦走到瑞悉克詩，當時那條路要穿過荒涼的森林地帶，結果遇上了強盜，幾個持棍的彪形大漢。

「給我們看你袋子裡裝著什麼東西！」他們喝令。

「我會給你們看。不過，我先給你們看別的，你用雙手把棍子拿穩。」斯瓦米拉瑪隨即用單指一劈，棍子應聲從中斷成兩截。「看到了嗎？不要讓我來劈你們的腦袋瓜子！」那幾個人立即逃跑。

回到我們原先所講的：恐懼。

恐懼是什麼？在《瑜伽經》中，恐懼的代名詞是「死懼」（abhiniveśa），這是一種「執著」，執著於一個念頭：「願我不要變成沒有」（nāhaṁ nāsyāṁ）、「願我不要從有變無」。

我現在是什麼？我現在是男人，六尺二寸高；我是女人，五尺三寸。我很高、我很矮，我年輕、我年長，我是富人、我是窮人，我是某人的女兒、我是某人的母親，我是某人的丈夫、我是某人的妻子、某人的女婿、丈母娘，等等、等等。這些都是在起分別，在試圖將單一的「無盡」一分為二，再分為四。

《奧義書》說：「若有人可以走到市場中，像買一匹布似的買空間，把空間剪成一定的長度，然後包起來帶走。如果有一天這件事變成可能的，此人就可以不必見到無上自性而得根本寧靜。」想要得到根本寧靜而不必先見到無上自性，是不可能的事，就像想用剪刀把空間剪一段下來，然後包起來買賣一樣。

空間是相續一體的，是斬不斷的。於是才有了「業」的道理，無論你對「他」做了什麼，都會轉回到你這裡來，因為根本沒有「他」的存在。《薄伽梵歌》中，神的轉世奎師那也說：「由於視我為『他』，眾人才加害於我，不知我和眾人的自身是同一個；視我為『他』，不知我即是『所有一切』，不知我是大家內在的『普在神明』。」

所以講瑜伽修行，開宗明義的第一個字是什麼？是「非暴」（阿興薩）。大家都已經熟知所謂五條「耶摩」（yamas，要守的「戒」）、五條「尼耶摩」（niyamas，要遵行的「律」）。五戒之首就是「非暴」，而其餘的四戒和五律都是以非暴為基礎，都是在幫助非暴，也都要靠非暴幫助。若是沒有非暴，守這些誡律統統都不算數。

只要有個「他」在，就有恐懼

瑜伽最終極的目標是證悟自性，認出真實本來的「我」，到那個地步就沒有「他」。而只要有個「他」在，就有恐懼。

有一回，我和上師在森林中散步，在那個時代，林中還有老虎出沒。上師問我：「你喜歡潛水，不怕遇見鯊魚嗎？」我很調皮地反問他：「斯瓦米吉，你們瑜伽大師會怕老虎嗎？」他說：「不怕。」我說：「所以我也不怕。」

如果遇見了老虎，懦夫的反應是逃跑，老虎就會聞到你身上散發出的恐懼氣息，是人身腺體在驚恐時所分泌出來的氣味，所以牠就會追擊你。狗也會因此攻擊人。或者，你的反應是防衛自己，與老虎一戰，這也會導致分泌出同樣的荷爾蒙。從生理角度而言，戰鬥和逃跑的反應是沒有分別的，兩者都是緊張反應，也都是恐懼反應。

但是，你還可以有第三種反應。

逃跑是懦夫的反應。戰鬥是勇者的反應，他認為勇敢就是攻擊與防禦。第三種反應是瑜伽士的反應。瑜伽士坐在山洞中修行，老虎會靠過來，像頭幼虎依偎著自己的母親一般。這是因為動物的天性是一種沒有機心的意識，跟你我不同，牠們能感受到你有意識及無意識的心識波，如果受到那種心識波的吸引，牠們就會靠近。

斯瓦米拉瑪當年跟著師父在喜馬拉雅山的洞中打坐，結果跑來一頭黑熊，像條狗似的趴在洞外。等師徒從洞中走出來，黑熊就迎上前，他們拍了拍黑熊的頭，結果這黑熊就留了下來，而且一直跟著斯瓦米拉瑪到處走動，有若一頭寵物。

這就是非暴，它發出來的光輝叫作「博愛」。

可是你還沒到那個地步之前，千萬不要去試驗，可不要跑到野外找頭熊去拍牠的頭！

一旦吶喊，就不是非暴了

很多人對世界的局勢憂心忡忡，總是在擔心世界末日要來臨了。美國出兵攻打阿富汗時，我在美國的學生寫信問我對戰事的看法，我反問她：「這世界上目前共有不下三十六場大大小小的戰爭在進行中，妳是問哪一場戰事？」

你停止一場戰爭，我保證，你不用擔心，還會有另一場，又有另一場。總是有種種不同的理由，有種種不同的目的，如果不是基督教的十字軍聖戰，就是穆斯林的聖戰，不是為了宗教聖戰，就會是針對冷戰時期的蘇聯，或是樹立另一個冷戰對象。永無寧日。不是這個族群在謀殺那個族群，就是另一個族群在謀殺另一個族群。

如果沒有充實的心靈力量和韌性，如果沒有如實的證知為後盾，在遇到種種情景時，只會做出暫時的解決方案。大聲疾呼和平，喊了再多次也不會帶來和平，因為今天在厲聲呼喊和平的人，一旦當他們取得了權力，就會對著他們所反對的人做出同樣的行為。你知道為什麼嗎？他們不明白自己也有著相同的「自我尊嚴」，就是這個東西在折磨人。每個時代、每個國家民族，打著正義、公理、爭和平、爭安全旗號的人群，當他們掌握權力之後，行為會和所推翻的人群完全一樣。因為這些運動的領導人沒有在淨化自己的心靈上下過功夫。

當你開始吶喊，就已經不是非暴了。請不要奢談世界和平，家中的菜餚裡鹽放少了，你立刻冒火，就在那個當下，世界和平的機會被你給毀了。孩子沒有把功課做完，你就開始對孩子大聲苛責，世界和平的機會又給毀了。

你首先要征服的，是自己的嗔心。不論你屬於領導者還是被領導者，不論你屬於社會中的強勢族群還是弱勢族群，不論你的膚色是黑、白、黃，不論你是高矮、胖瘦、男女，只要你還沒有征服個人的嗔心，談什麼和平、非暴力都不會可行！

停止把死亡帶給其他眾生

「死懼」，是種「願我不要變成沒有」的恐懼。我們為什麼會恐懼？是因為我們有對死亡的恐懼。一切恐懼的源頭都是對死亡的恐懼。我們為什麼會害怕死亡？你知道原因嗎？因為我們心知肚明，我們深層的心識明白，從無始以來，我們不斷地為其他眾生帶來死亡。

請你暫停閱讀，反省一下，我們不斷地為其他眾生帶來死亡……

我們知道這是會反彈的，有如回力棒會飛回到投擲者的身上，有如業報的原理，有如牛頓的力學第三定律的反作用力，這就是為什麼我們會害怕死亡。

要克服所有恐懼，首先是停止把死亡帶給其他眾生。請注意我不是說「其他人類」，我刻意說「其他眾生」，是所有的生靈！

所以，你要實踐非暴的理念，就要好好內省這個問題：我是否用了什麼形式、什麼手法，無論直接或間接、明顯或不明顯，把死亡帶給了其他眾生？例如，我現在身上穿的衣服，什麼曾經為它而死？我不單是說真正的死亡，連比喻的死亡也包括在內。在做這個反省的時候，先由粗大明顯的對象開始，然後你的敏感度會慢慢增加。過了一段時間，你就能夠把更細微形式的暴力和嗔心從你的人生中消除。

只要有越來越多的人開始做這樣的功夫，就能改變我們世界的面貌。有位甘地做到了，有位馬丁路德做到了。任何平凡人都做得到。甘地是位非常平凡的人，他要是參選世界先生絕對不會入圍。有人輕蔑地稱他的外貌有如「一袋骨頭」，而當他絕食後，連袋子都沒有了，只剩下骨頭。他絕不是世上最英俊的人，但就是美。不是英俊，而是美！你知道英俊和美是不同的。

其實他一生所致力的，並不是印度的獨立運動，他也不是為了社會公義而奮鬥，他只是在為淨化自己而努力。如此而已。他所致力的是正行，做個正人，以完善自己。斯瓦米拉瑪說過：「我們都是件未完成的作品，我們是做人的原料，我們還沒有達到成為完善的人。」

甘地致力於完善自己，所以他能改造自己。他改造了自己，他的人格無比充實飽滿以至於流溢出來，不僅充實了他朋友的心靈，連他敵人的心靈都因而得到充實。他早年在南非因為抗議種族歧視而入獄，他在獄中用自己的雙手做了一雙鞋子送給當地的政府領導。那位應該為監禁甘地而負責的人回了封信：「我們的監獄能有一位像你這麼大氣度的人在裡面，是我的光榮。」

其他地區也有人爭取獨立，當國家終於獨立了，他們會想成為總統、成為總理。印度獨立成功之後，甘地不接受任何政府職位，甚至沒有出席慶祝獨立的大典。他身在當時發生分離主義暴動的地區，跟人民走在一起。他一生沒有任何國家領導的職位，可是當他去世時，聯合國都降半旗哀悼。

真正的力量不是來自於你在社會上的地位或是政府裡的職位。如果你要改變社會，你的力量必須來自你如實內證了我們前面所說的那個相續一體。

問：在《薄伽梵歌》中，為什麼奎師那會教導阿朱那去作戰殺敵？為什麼武術竟然會是出家人所創，又保留在出家人手中？

奎師那督促阿朱那去作戰，開宗明義就是要阿朱那先克服自己的恐懼，克服自己的懦弱。阿朱那原本不想去作戰，並非由於他服膺非暴力的理念，而是出於懦弱的心理。可是懦夫若是逮到了機會，往往會變得更為暴力，不信你把重型槍械交給懦夫，你看他會做出什麼事來！所以《薄伽梵歌》裡的原文說：「阿朱那，去投入戰鬥。但首先放下你心中的狂躁，然後你才可以去戰鬥！」

武藝的原則是，身體動，但內在要能完全靜止不動。縱然身體在動，而內心仍然能保持靜定，是出家人要做的功夫。

這個問題跟我最欣賞的一段故事有關，這是個蘇菲教派的故事，你們也許有人已經聽過。故事說，在戰場上，兩個敵對的戰士在搏命廝殺，交戰許久之後，一人終於將對手壓倒在地，他雙手高舉著短劍，將要刺穿敵人的胸膛。這時，被他壓在下面的人惡狠狠地朝他臉上吐口水，他握著劍的雙手在半空停了下來。壓在下面的人大吼：「你還等什麼，來吧！」騎在上面的人靜靜地說：「剛才被你吐口水之際，我心中頓然生起一股暴怒，如果我那時殺了你，就是謀殺。」這故事的精彩在於講到這裡就結束了，不必交代下文，聽者自然會玩味其中的寓意。

記住，非暴所著重的不是有如何的外表行為，內在的自我審思才是非暴的關鍵所在。這才是實踐非暴最細微又最困難之處。你要培養，要慢慢培養出這個態度，每當你做出一個決定，就捫心自問：「讓我再瞧瞧，我這行為的後果是否會以某種方式、某種途徑，直接或間接把死亡帶給其他生靈？」

要老老實實地去看自己的念頭，所使用的字眼、腔調和音量，說話的方式，對上司抵制的心態，解決自己和妻子、子女之間衝突的方式，究竟有多少暴力的成分在其中？不要好高騖遠地去空談世界和平，和平始於一己，始於一己身軀內在的所作所為。這就是甘地的方法。學習武術時，高明的師父會出其不意地激怒弟子，看他們如何反應。他們如果動了怒，就會遭到淘汰。

我曾經是個非常、非常憤怒的年輕人。我十幾歲就離開家鄉遠赴非洲，為當地印度裔的社團講學。當地主人接待我住在家中。他是位事業有成又主觀很強的人，對我有些非常尖銳的批評，我覺得深受委屈，但勉強壓抑下來。他的夫人非常慈祥，待我有如母親一般。早上我還躺在房中，她會進來查看是否一切安好。她見到我枕頭上有些血跡，是我晚上鼻孔出血造成的，她知道是怎麼回事，很心痛的說：「唉，你如此的純潔，為何心中居然會積聚這麼多憤怒？」

我聽了感到非常慚愧，就決心一定要改過來，正好此時我讀到了甘地的自傳，啟發我要致力於淨化自己的情緒，不再動怒。其後我去到英國，在平日往來的朋友圈中，有一位性格特別火爆的青年同輩，我們談起不動怒，他覺得不可思議，質疑我：「假如我無緣無故打你一耳光，你也不會動怒？」我說：「不會。」過了一天，我們一群人坐在一起，他忽地走到我面前，用力打了我一耳光，而我就只是微笑以對，他反而逃了出去，以後他的性情就改了很多。我當時心裡面的感覺是，我真的做到了，真的可以不受外力操控自己的情緒。

征服世界算不上什麼，能征服自己才是更要緊的。要學會在日常生活中克服嗔心，你可以做些實驗。首先由你心中的衝突開始，由你以及你最親近的人彼此之間的衝突著手，去找出一條雙方抗拒感最低又有效的途徑，由於抗拒的程度最低，所以有效。我保證你可以做到。這才是人性真正的力量所在，它能把焦躁不安的人變得平靜。

印度近代的偉大詩人泰戈爾，他和甘地都拜過同一位喜馬拉雅瑜伽的大師。我會知道這事，是因為斯瓦米拉瑪親口告訴我。泰戈爾其實不是寫詩，他寫的是自己的神祕體驗，而這種體驗無法以普通的語言來表達，所以他所寫出來的就讓人覺得像詩一般。印度傳統中的聖人都是詩人，因為用其他的語言方式無法將他們的心境表達出來。別人讀來覺得是詩，但是對他們而言，是在用隱晦的語言來做真實的描述。

話說泰戈爾有位仇敵想置他於死地，就雇了一個人去行刺。刺客進入泰戈爾的房中時，他正在埋首寫詩，見到有個人來到面前，也沒功夫問人家的來意，就用筆指了一旁的椅子，示意刺客坐下來等候。刺客坐下，拿著匕首在手中把玩，等了許久，泰戈爾的頭都沒抬起來過，仍然專注於寫作。結果刺客感到無奈，只有不告而別。這恐怕是歷史上僅發生過的一次，用詩當防身武器！

我再重複一次，行為不是暴力，行為也不是非暴力，行為是中性的。只有心才能是非暴力的。若要明白自己需要什麼，我們需要自我淨化，自我管理。要征服自己的憤怒，只有用和諧來取代，不是靠壓抑，是用你能控制的工具來取代。遇到了某種情境，沒有調教好的心地會變得焦躁不安，使人變得緊繃，但是碰到同樣的情境，調教好的心地所起的反應會是放鬆自在。

在你遇到橫逆的情境之際，如果第一個反應是放鬆自在，那你放鬆的功夫可以算是到家了。注意，不是驟然緊張後才放鬆下來，不是先感到憤怒再把它壓下去。功夫到家的話，不會產生憤怒，可能會產生別的情緒。是產生不同的情緒，是會讓你微笑的那種情緒。記得那個蘇菲教派戰士的故事嗎？

當你如是進步下去，終於悟到所有眾生都是相續一體的，不再有「他」，就不會有恐懼，不用防衛，不用攻擊，你就能結束在這個多數、分離世界的流放生涯，回到你在無盡世界的老家。

願神祝福你。

譯注：

1 *Yoga Sūtras of Patañjali with the Exposition of Vyāsa: A Translation and Commentary, Volume II Sādhana-Pāda* by Swami Veda Bharati, Motilal Banarsidass Publishers, 2001

第4課　斯瓦米韋達的瑜伽旅程

——譯者按：這是一堂開放給學生任意提問的講課紀錄，內容廣泛，有很多是斯瓦米韋達對自己上師斯瓦米拉瑪精彩的追憶。

問：領到個人咒語之後，每天都應該在固定的時間上座持咒，但有時卻因為種種緣故無法做到，那該怎麼辦？

我們固然希望你能保持規律的練習，但在日常生活中，難免有雜務纏身，或者要外出旅行，都會讓你無法在固定的時間上座持咒。遇到這種情形時，你要懂得彈性處理，不是硬性要求自己無論如何都要在一定的時間做這些事情不可。如果情況允許，你可以繼續做你的工作，但是將心放在靜坐、持咒上片刻。例如，你每天要固定持咒多少遍，如果遇到特殊情況實在做不到，那天可以找個空檔只持十一遍。

要強調的是，如果只是單純在時間上受到限制，而不是出於想偷懶或是想逃避的心態，那就不是真正的問題，因為這只是種客觀環境的囿限。你真的想去做，只要誠心發願，久而久之，自然會有解決的辦法，一切限制都能得到化解。

問：您曾經提到「頭腦」跟「心」是截然不同的，那是什麼意思？

「頭腦」只是一個器官，而「心」卻是一股能量。兩者的關係就像是磁石以及磁力、銅線以及在銅線中流動的電流、燈泡以及它所綻放的光芒。你要明白，燈泡若失去光明，它就什麼也不是，但光明不需要燈泡來彰顯自己。頭腦只是身體的一小部分，只會執行小部分的心念功能。心則是一股能量、一個場，頭腦只是一個工具。但我們要曉得，心、心念仍然是一種物質的能量，不過是最細微的物質能量[1]。所以我們不說「心能役物」，這話是矛盾的，因為心的本質就是物，物怎麼去控制自己？但我們會說「自性能制心，能制身體」。心是聯繫自性與身體之間的橋樑，心念粗鈍的一端，就是我們的感官作用。當我們進入深沉的靜坐狀態，就是到心念細微的那一端。心念猶如一道寬廣的頻譜，涵括很多東西，從細至粗。你若是坐到心念的作用都消失，連心念都放掉了，就是來到了「本識」。「本識」是一股純淨的能量，跟物質完全無關。

問：我們會使用科學儀器來量測瑜伽的成效嗎？

科學儀器能幫助學生了解自己在靜坐時的生理反應，例如腦波、呼吸、心跳、體溫、肌肉緊張度等等，也有助於建立一套比較客觀的標準，來談論靜坐的狀態。但是目前科技的水準有限，只能偵測到部分的生理現象，而且對於所偵測到的結果之解讀和應用，還有再進步的空間。

目前使用最多的生理信息是對腦波的測量。我們的腦神經晝夜不停地產生腦波，平時人腦波的波質都是貝塔（β）波，這是心念散亂、沒有任何紀律和力量的表現。若是我們二十四小時的腦波都處於這樣的狀態，便無法將我們帶往更深的禪定境界。若是能展現阿爾法（α）波，代表身心是處於放鬆狀態，例如我們做大休息式的練習時，在正確的情況下會產生阿爾法波。若再更進一層，就是賽塔（θ）波，這是當你處於極度專注的狀態，或是創造力提升、靈感湧現，寫出一首詩時，腦波所呈現的會是賽塔波。更深一層是戴爾塔（δ）波，這代表你處於非常深層的睡眠狀態，而且是無夢的睡眠。

若是遇到焦慮型胸痛，或是因頭痛而苦惱的患者，我們可以帶領他們做放鬆的練習。但是許多人常常無法控制自己，不知該如何集中注意力，此時便可使用「生理回饋法」來幫助他們學習放鬆。譬如，綁一條有電子感應功能的帶子在頭上，每當產生阿爾法波時，儀器就會發出「逼逼」的信號聲；若還未產生阿爾法波，儀器就不會發出任何聲音。這就是用儀器來告訴你腦波的狀況，帶你學習如何才能產生這樣的腦波。這就是利用科技來測量身心狀態的一個簡單實例，也是最常見的生理回饋儀，許多醫院、專業人員都會使用。

另外有一種儀器，是以測量溫度的方式來幫助病患控制頭痛。當你頭痛時，通常是腦部動脈收縮或堵塞，導致血液無法順暢流動。我們運用這個儀器教導學生放鬆時，會用金屬探針及繃帶纏在學生的手指末端，用以測量手指的溫度。當我們進入放鬆狀態時，手指的溫度通常就會上升。像我在進入放鬆狀態時，指尖的溫度會出現三到四度的差異。你只要非常專注地放鬆，必然能產生這樣的結果。這是因為放鬆時，血液會往下流，也會流動得比較通暢，頭痛會得到舒緩。因此，受測者可以借助測量手指溫度的高低，來觀察自己是否真正放鬆，並一再練習放鬆。另外還有其他的測試方式，例如測量心跳、脈搏，都是應用類似的原理。雖然許多地方都有生理回饋的設備可以做測試，但大多數人都不知該如何正確地使用它。

當年，我很好奇外界是如何教導他人放鬆，便從市面上買了一些放鬆教學的錄音帶來聽。我聽見錄音者用嚴肅而緊張的聲音說：「放鬆！放鬆！把肌肉緊繃，然後再放鬆！」我實在不明白，如果這算是放鬆的話，那什麼是緊張呢？用這樣的音調，真的能讓人放鬆嗎？這表示錄音者自己都還沒學會放鬆。若是用這樣的方式教人學習放鬆，成效勢必非常有限。不過，我知道還是有某些醫療中心已經掌握到訣竅，能夠有效地訓練受測者學會控制腦波。

所以我們會使用儀器，例如生理回饋儀，利用機器發出訊息，例如「逼逼」聲，讓人學習控制肌肉和腦波反應的方法。久而久之，你毋須倚賴機器，也能自行控制。

此外，也有人發明一些用腦波活動來進行的遊戲，譬如用心電圖（EEG）控制指針來畫圖，或者藉此讓玩具火車行駛。我們的傳承也有一些醫師，將這些原理用於治療，而且取得很好的成果。我個人不往這個方向走，因為我不是治療師，但若有人來到我的面前，我可以教他放鬆的方法，譬如將呼吸放慢下來、控制血壓等等，但我並不為人治療。瑜伽的最終目的不在治療或養生，但是瑜伽大師可以完全控制自己的身體，這是毫無疑問的。

在瑜伽的語言裡，有兩個很有趣的字，一個是「三摩地」（samādhi），另一個是「神通」（siddhi）。「三摩地」是最高的心識境界，「神通」則是用來賣弄的小玩意兒。

我初識上師斯瓦米拉瑪時，有一回我請他到家裡做客。他來了以後，對我說：「讓我來變些把戲給你看。」我說：「謝謝，但是我對這些沒興趣。」他說這會對我有實質的幫助，所以堅持一定要做給我看。既然他如此堅持，我就恭敬不如從命了。

那天，他做了兩個示範。第一個是用一條厚毛巾把眼睛矇起來，然後對我說：「你儘管在一張紙上寫下自己想問的問題，我便會作答。」我很調皮，沒有提問，而是寫下一句經典的梵文句子。他矇著眼無法看見我寫了什麼，但是卻能完整無誤地把我寫下的句子念出來。這是個把戲，重點在下一個示範。

其次，他把袍子掀開，露出雙腿，告訴我：「現在我要把右腿上的氣（prāṇa）抽出來，灌到我的左腿上。」他並沒有對腿施加任何壓力，或做任何擠壓，可是只見他右腿的顏色開始慢慢變得跟死屍一樣慘白，左腿卻鮮紅如櫻桃般。之後他說：「現在我要反轉過來。」然後他的左腿變得慘白，而右腿則恢復紅潤。做完之後，他告訴我，讓我看這個示範，是要我明白根本沒有所謂的「非自主神經系統」這回事。

我們都曾經學過，身體有兩組不同的神經系統，一組是受意念所控制的，譬如活動手腳或說話，都屬於「自主神經系統」所產生的動作。另一組是「非自主神經系統」，例如肺、心臟、胃的活動。你不覺得你在控制它，但你的肺仍在發揮功能，心臟在跳動，在食物下肚後，胃會消化分解食物，把它轉化成養分、汗水或尿液等等。這些都屬「非自主的神經系統」所產生的「非自主行為」。但是瑜伽大師說，沒有「非自主」這回事，因為他們要身體做什麼事，身體就會做什麼事，所以一切都是能自主的。

斯瓦米拉瑪有次在美國明尼蘇達州聖保羅市的醫院裡展示這個本事，他告訴醫師：「我現在要生出一個腫瘤。」他只是坐在那裡，無緣無故，便在皮下產生了一個可以用手壓按到的塊狀組織。在眾人驚駭之際，大師又說：「我現在要讓腫瘤消失。」不久，這顆腫瘤就不見了。這事件在當地的報紙曾經報導過。還有一次，他在一所德國的醫院做了同樣的示範，德國醫師經過他的同意後還切取了腫瘤的樣本。所以他說：「沒有所謂的『非自主』，一切皆在你的意志控制之內。」

問：那麼死亡是否也能控制？

從瑜伽的角度來看，有所謂的「可控制的死亡」，以及「不可控制的死亡」。如果你能用意志力控制死亡，便可決定自己何時死去。我們凡人的死亡，都是屬於不可控制的死亡，你並不想死，但身體的功能一一衰竭，於是你就死亡了。一位真正有成就的瑜伽大師，就能控制自身的死亡。當他在世間的使命完成了，就會預先明示或暗示大家自己何時要走。

我們讀到文獻記載，過去有大師明明活得好好的，卻告訴弟子們要在某一天回到身邊，準備跟大家話別。到了那一天，大夥兒同聚一堂，大師一如平日和弟子們傾談。但時辰一到，他就會上座靜坐，然後離開身體。對這樣的大師而言，生命是一股能量，是能夠自我覺知的能量。身體像是一只陶罐，原本儲存在罐中的生命之水，在時候到了，陶罐壞了，就會流出去。「死亡」只不過是生命能量流出身體，身體因而喪失一切功能。

大師也能讓身體暫時停止生命的功能。斯瓦米拉瑪曾經在美國著名的曼寧哲實驗室，展現肉體死亡的狀態。他用意念讓腦波、心臟、脈搏、呼吸都停止了，種種跡象都顯示他已經死亡，但是不久之後，身體又重新呈現正常的生命狀態。實驗結束後，大家好奇地問他，究竟是怎麼辦到的？他說：「頂輪又稱千瓣蓮花輪，我將心識全部收回來，躲在其中的一瓣蓮花裡面，所以沒人能找得到我。」

對於一位瑜伽大師而言，瑜伽修行的終極目標是「解脫」，就是心靈不再受到身體、時間、空間、因果的拘束，不再被世俗的苦樂所迷惑。有人問我，大師是否能夠靈魂出竅，讓星光體跑出去？我不想去談論這些驚世駭俗的事情，你要知道，很多人有這種經驗，其實只是幻想。他們以為自己到了某些境界，功夫已經了得，但是你觀察他們在日常生活中所表現出來的言行，跟真正悟道的人全然不同。[2]

悟道和日常的言行舉止是不能分離的，前者一定會體現在後者之中，後者一定會反映出前者。傳統瑜伽並不否認靈魂出竅的可能性，真正的瑜伽大師確實能做得到。但他們會警告我們，不要把幻境與真實混為一談，別把幻想當作成就，它可能只是潛意識的渴望暫時得到滿足。只不過是你欲望的投射，不是瑜伽真正的成就。靜坐的目的在於淨化我們的心識，而非追求神通的現象或體驗。當然，有些現象可能會出現，就像我們常提到的比喻：從甲地走到乙地，沿途雖然風光綺麗，但你不要停下腳步，把美麗的山谷當成永遠的家，你仍然要繼續朝著目的地行進。

回到我剛剛說的那兩個詞：三摩地、神通。當我第一次遇到斯瓦米拉瑪時，我告訴他：「大師，我對神通不感興趣。我唯一有興趣的是三摩地，如果你能讓我在這輩子得到三摩地，那麼我會非常感激。」於是，我跟他之間便有了如此的瞭解：我修行的目的是追求解脫、三摩地，而非神通。因此，當我偶爾對這些現象或生理回饋產生好奇心時，他便會提醒我，瞭解實驗的原理及其所代表的意義便已足夠，毋須追求、賣弄或展現神通。

我從九歲即開始為人授課講學，自己從來沒有上過學，也從來沒想過要入學。當時聆聽我講課的人數，有時高達一、兩萬人之多。我在十六歲時離家，隻身遠渡重洋開始在國外的講學生涯。很多人把我當成什麼上師或大師，可是我絕對不允許他人如此稱呼我。當然，我也見過外面有一些自詡為某某大師的人物，其中有些竟然還是我的學生！縱然你還算不上是大師，仍然可以成為別人的老師，就如同你已經走了三哩的路，就能把你走這段路的見聞，告訴還沒走過這三哩路的人。

至於大師是否會轉世再來，這是一個不易回答的問題。我們的觀點是，如果大師在世時還沒培養出一位青出於藍的弟子，他便會不斷地乘願重返人間，直到他找到能接棒的弟子為止。

有人問過我，我在一九六九年才遇見上師斯瓦米拉瑪，在這之前，是否曾跟過其他上師學習？

我生長於一個非常獨特的家庭之中，我們家的傳承是父傳子、子傳孫的家庭教育，從小便養成對靈性方面的追求。有一種傳承是師徒之間的傳承。有些則是既有父子，又有師徒的關係。

問：請多談一下斯瓦米拉瑪。

印度在第八世紀時出過一位被稱為「商羯羅阿闍棃」的大聖人，他奠定了出家僧人斯瓦米的制度，將全境分為數個教區，每區各有一名座主，座主都稱為「商羯羅阿闍棃」，算是地位最崇高的精神領袖。斯瓦米拉瑪在很年輕時就被推舉為其中一位商羯羅阿闍棃。不過，他不久即掛冠求去，隱居深山虔心修道。後來，他的上師命他到西方世界弘道，他就前往美國。

一九六九年，我在美國大學明尼蘇達大學任教，有天一位學生對我說：「你知道嗎？我們城裡來了一位印度的斯瓦米。」我說：「是嗎？有意思。」其實我並不感興趣，也不覺得有何特別之處。我見過的斯瓦米多了，但憑良心講，我並不是對所有自稱為斯瓦米的人都有信心。幾天後，這位學生把那位斯瓦米的宣傳單拿來給我看，上面寫著他曾經是一位商羯羅阿闍棃。我心裡想，喔，這應該不是一位普通的斯瓦米，但我依然沒有求見的意願。

當時是十一月，正逢印度傳統上的重要節日「燈節」。在印度，燈節跟西方的聖誕節一樣是個大節日，家家戶戶都會擺置上百盞，乃至上千盞的明燈來慶祝這個節日。每棟房子的窗臺、門前、樓梯臺階、街道上，也都會擺滿燈，家家戶戶都會烹煮許多豐盛的食物，大家一起享用。

那天，我的妻子對我說：「城裡來了這麼一位斯瓦米，不管他是斯瓦米也好，不是斯瓦米也罷，畢竟他是個印度人，在這個節日裡，一個人住在旅館裡一定很孤單。我們拿一些食物供養他，做為對同鄉的招待吧！」於是，我打電話到旅館找這位斯瓦米。電話接通後，我用梵文問候他。要知道，即使在印度，也很少人能夠使用梵文交談，因此他接到電話時感到很驚訝，但隨即用非常純正流利的梵文與我交談起來。我問他：「我們是否能帶一些食物來與你一起享用？」他說：「好極了，晚上六點到旅館來吧！」

在此之前，一九六八年時，我幾乎走遍全印度，想找一位能教我「室利毘底亞」的老師。這是一門非常神祕而高深的學問，真正懂的人很少，我始終找不到一位明師。這件事沒有別人知道。沒想到當我們供養這一位斯瓦米食物後，他送我們走出房間時，用目光上下打量我後說：「好、好，我會教你『室利毘底亞』這門學問。」

你說，這僅僅只是巧合嗎？他真能夠見到我們所看不到的東西！

印度的諺語說：「當弟子準備好了，上師就會來到。」話雖是這麼說，但我連作夢都想不到，居然有位在喜馬拉雅山洞中修行的高人，會來到美國明尼蘇達州，出現在我的眼前。記得有一次我對他抱怨：「上師，您為什麼不能早個十五年來到我的生命中呢？」他回答：「是嗎？你的業報還沒清，我怎麼來？」所以，你必須先走過生命中的某些階段，把一些業債還掉。如果你尚未把業債還完，就還沒準備好。

很多人在生活上遇到某些困境，或者有了一段難以相處的人際關係，就變得非常沮喪，覺得人生的擔子太沉重，不想再挑下去，往往以為假如能逃到一個什麼香格里拉，能在那個清靜的地方住下去，整天打坐修行不知道有多好。我奉勸你不要有這樣的想法，如果你無法應付世間的困境，堅持不下去，那你到什麼仙境，也一樣待不下去，不出十天就會嚷著要離開。你必須把自己的困難解決，必須化解一段段難纏的人際關係，必須把業債還清，無論你覺得有多麼艱難，仍要挺下去。這不只是在把業債做個了結，更重要的是經過如此磨練出來的心力才會堅韌，才能幫你快快走完心靈修行的道路。

遇到困境往往是成長的機遇。碰到一個小小的不如意就想要逃避，你必然無法成長。而你越是成長，責任就會變得越重。不過當你的責任變得越重，你的力量就會變得更大。當你力量變得更大，就能挑起更重的擔子。大師會在明中暗中助你一把，幫你成長。

斯瓦米拉瑪最喜歡講的一個故事是，十九世紀時，歐洲的有神論與無神論者之間的相互爭論異常激烈。結果，主張無神論的盧梭、達爾文、馬克吐溫、伏爾泰，死後都下了地獄，而有神論的信徒們死後則上了天堂。有回在天堂的這一群人聚會時討論：「你看，我們一直試著去救這些不信神的人，他們都不聽，現在全下了地獄，想必仍然遭受著種種煎熬苦痛。不如我們下去探望他們，看他們是否後悔了，開始相信神。」

於是，大主教們結伴來到地獄。但奇怪的是，他們找不到地獄在哪裡，本來應該燃燒著熊熊烈火，猶如沙漠般的地方，卻有著清涼的微風吹拂，到處是生機盎然的花草植物。

他們找到無神論的領頭者，納悶地問道：「這是怎麼回事？」無神論者說：「你們死後去了天堂，但來到地獄的我們，卻利用聰明智慧改造了地獄，發明了冷氣機。」

這個故事的寓意是，當你感到深陷地獄之時，請運用你的智慧和力量，把地獄變成天堂。你絕對具有這些力量和智慧去改造自己的逆境，請充分去利用它。

譬如你無法跟配偶愉快共處，便應該傾注智慧，盡力解決。假若你用盡所有能力與智慧試圖改善，卻仍然徒勞無功的話，就該學會知足。知足是人生最大的樂趣來源。學習接受，學習欣賞，學習知足。不要一味地逃避，不要逃避責任，不要卸下負擔，要積極作為。瑜伽不是只有打坐，別的都不管。一棵大樹經年累月地定在那裡，難道大樹可以成為瑜伽士嗎？

瑜伽士要在現實生活中去鍛鍊、體驗。你要充分發揮內在的力量，到達一個「等持」的境界，不偏不倚，不要為一些小小的順境而高興，也不要一有逆境就心煩。如果你是個很淺的湖，丟個石塊進去，湖面就會蕩漾。如果你是海洋，石頭只會沉進海底，海洋絲毫不受影響。從有天地以來，海洋日夜承受無數河川的流水注入，而海洋不會因此滿溢，規模也不會因此改變。所以心念廣大的人，不會被一些小事攪亂而感到煩躁不安，但對於愚人來說，每天會碰到讓他開心或傷心難過的事，就不只百件。智者不會任由情緒起伏不定，而是保持旁觀者的心態。就因你能保持旁觀者的心態，對於整體情境才有更好的洞察力及控制力。若是無法做一個旁觀者，一下感到不安，一下又感到焦躁，你很快就會失去自己，迷失方向了。

所以人生要保持一個旁觀者的境地，觀察身體正朝某個方向前進，看著此個體正在經歷某個事件。能這樣做，無論處境優劣，都不會擾亂你的心。

問：我很困惑神是否真的存在？我不太能接受「轉世」的觀念，是否有種外力在安排這件事？

純粹從靜坐的觀點來看，你毋須在乎是否有神，因為靜坐跟神是扯不上關係的。我們剛剛說的有神論和無神論者的故事，不過是一個虛構的寓言。你在靜坐時不需要考慮這個問題。至於是否真有來生轉世，或究竟是由誰來安排這件事，一種觀念說它是由某種外力安排的，但是從我們的觀念看來，轉世完全是自己的行為所招致的後果。

「業」與「轉世」是一個大題目，可單獨開一門課程來討論，現在無法講得很清楚。但是你要牢記一個觀念，你的意志是投胎轉世的肇因，所謂的「業」即是「行為」的意思，行為完全受你的意志所影響。一旦你做出任何行為，就是埋下種子，種子必然會發芽。你起了什麼樣的意念，就留下什麼樣的種子。你種的是蘋果的種子，得到的就是蘋果；你種的是有毒夾竹桃的種子，生出來的就是有毒的夾竹桃。但是當下此刻，你下一個念頭、下一個行為是什麼，是由你決定。你不喜歡夾竹桃嗎？那好辦，為什麼不去種蘋果呢？

你可以改變原本行為的方向和方式。你想知道你下一世會有什麼遭遇嗎？很簡單，只要看你這一世是什麼樣的人就知道了。你可以自問，我這輩子所培養出來的所有心念加總起來，所呈現的形貌如何？我這輩子說過的所有言語、字句，有多少是有用的，是對人有利的，是善良的？由此，你才能開始留意自己的言行舉止。你會注意到，這輩子累積起來對人做過的行為總和是怎樣的？曾經說過的話語，整體看來是如何的？

將一切加總起來，就能決定你下一世的境遇。若你這一世正處於一個中間階段，即使已到了三十歲左右，依然有機會改變這一世言行的加總。你可以決定從這一刻開始只說建設性的言語，便是根據意志來改變人生的方向。

問：基督教所教導的靜坐方式，跟你所教導的有何不同？

當今基督教流傳的靜坐方式，在我看來，是一種沉思默想，不是靜坐。譬如摘取聖經中的某句話，要人反覆沉思這句經文的意義，即是基督教靜坐的方式之一。我們所教導的靜坐方式，在坐的時候就不能去推理、推敲，不要運用思維。原始基督教的靜坐方式，跟現今是非常不同的。你去閱讀原始的文獻就會知道，遠古的神父會到沙漠中修行靜坐，至今埃及和東非伊索比亞地區仍有基督教的修士，獨自在沙漠的山丘上修行。希臘有一座名為「Athos」的山，古時建有許多傳統基督教的修道院，雖然一些古老的傳承已經不存在了，但仍有許多有成就的大師在那裡修行，他們所教導的靜坐方式，跟我們的方式沒有太大的不同。基督教的靜坐傳統稱為「靜止」（hesychea），當今蘇俄的東正教仍保存了這項傳承。歷史上，希臘及俄國的東正教，相對於羅馬教庭領導的基督教，跟東方的心靈傳統曾經有過比較密切的接觸。

問：我們如何知曉自己還需要淨化情緒和人格？

你可以在一天結束時回顧一下，今天起過多少痛苦的念頭，興起多少歡樂的念頭？如果你還有許多痛苦的念頭存在，代表情緒還需要淨化。你要明白，痛苦的情緒是種心念，是可以受到控制的。例如，身體不舒服時你會覺得痛苦，是因為你讓生理狀態成為自己心理的狀態。如果你決定不讓身體的狀態影響自己，決心保持樂觀，你的痛苦感受就可以大大得到減輕。在同樣的處境中，一般人會生起種種負面的情緒反應，像是憤怒、悲傷，對於一位情緒已經完全淨化了的人，他唯一會起的反應只有微笑。

譯注

1 根據印度哲學「數論」的分類，心、心的作用是屬於「物」，如同身體，都是沒有生命的。請參閱斯瓦米韋達的《瑜伽經白話講解—三摩地篇》（橡實文化）。

2 斯瓦米韋達在此並沒有說徹底開悟之人的言行是什麼狀貌，他在別處提過，《薄伽梵歌》第二章後半段，對於見道之人的言行舉止有很詳細的描述。

第二部

瑜伽的醫道

第5課　靜坐即是自我治療

——一九八八年，斯瓦米韋達講於美國明尼亞波里市喜馬拉雅瑜伽禪修中心。

第1講　靈性與治療的關係

各位晚安。這次建議的講題是「治療之靈性哲理觀」，要我在這麼的短時間內，把有五千年歷史的理論做個交代，實在強人所難。

靈性和治療有什麼關係？這個問題不只是西方人會問，即使是印度，在斯瓦米拉瑪創立的喜馬拉雅信託醫院中，大家老是見到我這個身穿橘色僧袍的斯瓦米在病房間走動，不禁問道：「斯瓦米跟醫院有什麼關係？他又不是醫師！」大家會這麼問，是因為我們這個世紀的醫療哲學觀是：「哲學無用，真理要在試管中找尋。」這就是問題所在。

我們講「整體療法」，就是要把人視為一個整體的人，可是即使是從事整體療法的專家，也未必真正完全看到完整的人究竟是什麼，治療手法還是屬於零星片斷的。要真正見到整體的確不容易，除非你已經確立了一套哲學觀，如實了解人生一切都是不可切割的：生意和靈性不可切割，家庭和事業不可切割，你吃的和你穿的不可切割，你穿的不可和非暴力的哲理切割，非暴力的哲理不可和生靈一體的理念切割，一切都是一，也只有一。

生活中任何看似瑣碎的小事，都不可和整體切割。我常常用一個故事來提醒大家小事的重要性，時間大約是在一九六〇年代，斯瓦米拉瑪宣佈要在美國威斯康辛州帶一個靜坐高級班，大家蜂擁而至。結果他登臺開講，用了足足一個半小時就講——每天早晨規律如廁的重要性！那就是高級靜坐班要學的第一步。如果連這個都無法規律，你能把呼吸給規律好？更不用想規律自己的心念了！你們很多人聽過這個故事，但還沒有學會將小事和整體連結起來，還是只見到片斷、片斷。

所以，如果你只專門學一樣東西，就會失去其餘。如今，科學變得非常繁瑣而複雜，太多細節，以至於無法看見全面。我一再重複《薄伽梵歌》所提出的三種做學問的方式，就是三種質性：光明和諧的「悅性」、煩躁不定的「動性」、陰暗沉重的「惰性」。全部三種質性都存在於一切人格、心念、原子粒之中，只是組合的比重不同。沒有任何事物少得了它們，有的悅性較明顯，有的動性較明顯，有的惰性較明顯。

《薄伽梵歌》說，惰性為主的智慧知性，是取一個部分，學習分析它，充分瞭解它，然後將它視為全部的整體。例子是律師用法律關係的角度來看一切人際關係，醫師從醫學角度來看自家人，心理醫師跟自家人談話都當成是心理治療。當我們把一小部分當作是全部，用一小部分的知識來解讀整體，這就是惰性的智慧，是不完整的。

動性為主的智慧，是羅列了所有不同的部分，以為因此見到了整體。現在很流行的所謂跨學科研究就是如此，好像綜合了解剖學專家、生理專家、心理專家的研究，就可以完整地瞭解人類。

悅性為主的智慧會說，全體是比它所有的部分加總起來還要多，所有的組合部分加總起來並不是全部。「全部」是有另一種特性的。悅性為主的智慧是因為瞭解了整體，所以對它所有的部分也都瞭解，見到所有的構成部分都是因整體而有。換言之，整體超脫了它的構成部分的性質和能力。縱然我對於身體每一個部分都瞭如指掌，未必能瞭解我的身體，因為身體除了所有的部分之外，還有其他東西。我們著手瞭解什麼是治療，就應該用悅性為主的智慧為之。

勿將醫療予以宗教化

不過，近來我發現到另一個趨勢，有些人把自己的健康和醫療理念當成了一種宗教，好像神聖不可侵犯。譬如說，外地人來到印度，一不留心腸胃就會出問題，我的學生在嚐到厲害之後甚至戲稱「印度」（India）就是「我絕不再來此地」（I'll Never Do It Again）的縮寫！通常我會建議這些遇到腸胃問題的外地朋友立即去求醫，當醫師開抗生素時，他會驚呼：「噢，不不不！我絕對不吃任何西藥！」他把「不吃西藥」當成了一種宗教信條，我們可不會贊成這種態度。他沒有想到，斯瓦米拉瑪此生最後一段歲月奮力籌建的喜馬拉雅信託醫院，就是一個以現代醫學治療手段為主軸的醫院，擁有最先進的設備和儀器。

大家以為印度應該是以印度傳統醫學為主的地方，其實不盡然。現今，印度的醫療體系有五、六個大類，都有各自的專門學院，有各自的認證模式。第一類是現代醫學療法。第二類是印度傳統的阿育吠陀養生療法，這在西方國家被視為「另類療法」的一種。第三類是順勢療法，是起源於德國而在印度迅速發展壯大的體系。第四類是我稱為「希臘大食」療法，是古希臘所創，隨著亞歷山大東征傳入東方，其後被阿拉伯帝國所繼受。歐洲最早的公眾醫院就是阿拉伯人建立的。後來蒙兀兒帝國入侵印度，也引進了這套醫學理論和療法。第五類是南印度克拉那一帶所獨立發展出來的另一個印度本土醫療法，和阿育吠陀在某些程度上比較近似。此外，近年某些地區隨著西藏人移入而有了藏醫系統。還有一種是屬於印度「原住民」自創的醫術，只有在偏遠地區的部落中還能見到，但已經到了瀕臨滅絕的地步。阿育吠陀所使用的草藥主要有二、三百種，南印地區療法所使用的草藥則有五、六百種，而那些部落中所使用的草藥更多達三千種！

絕大多數的印度人並沒有把醫療予以「宗教化」，不會一生固執地只相信某一種醫療法。但是百分之七十的人民仍然以使用傳統療法為主，這是因為現代醫療資源不足，或者相對昂貴的緣故。印度政府的醫療預算百分之九十八是分配給現代醫療體系，其他類型的醫療體系只能拿到百分之二。雖然如此，醫療資源仍然遠遠不足以讓現代醫院普及全印度。所以，斯瓦米拉瑪才要發心為喜馬拉雅山區的貧苦民眾建立一所大型現代醫院。

醫學應重視整體觀與心靈面

現代醫學不注重「整體」的觀念，分門別類太細固然是其不足之處，但可悲的是傳統醫學也逐漸失去了心靈這一塊。就拿草藥來說，也許你會視為迷信，但若真正依照古法，連在採藥時都要持一定的咒語，要做某種祈禱。你要和天地草木先做靈性的溝通，要祈求准許，不能隨意摘取一草一葉。美洲印地安人也有非常類似的傳統。這和用餐前的祈禱是同一個道理，經文說：「食物即是醫藥，醫藥即是食物。」傳統上，食物和醫藥是沒有區別的，兩者是同樣的東西，都是把某種養分置入體內。所以，食物也可分為「悅性」、「動性」、「惰性」，是同一個理念。醫書中對採藥的時間也有所講究，像是在滿月之日（之夜）所採的藥，其療效就不同，你可以理解成是因為月球引力在滿月時最強，影響到植物汁液精華的分佈。

「整體」並不是要你揚棄任何部分，不是說你接受這種概念就要排斥西醫、西藥。我們不希望你把醫療當成宗教，堅持只有哪一套才是真理。就算是宗教，我也非常欣賞中國人對宗教的開放態度，很多人既是佛教徒，也是道教徒，也拜孔子，也進教堂。日本有很多人既是佛教徒，也是神道教。我到穆斯林的清真寺照樣虔誠禮拜，心靈同樣受到感觸。每個人可以有跟自己比較相應的宗教，但是在對神的體驗上，你屬於什麼宗教是沒有區別的。醫療也不例外。

「整體療法」的概念必須要能適用於生活中的每一個方面，這就需要有一套自己的人生哲學。現在西方人熱衷提倡靜坐，是因為靜坐對健康有益，因為靜坐是一種很好的自我治療方法。這種觀念正在腐蝕純正的靜坐，是以功利主義為出發點。請你不要抱著這種心態去學靜坐。你要靜坐，是為了認識真正的自己，從而建立一套自己的人生觀。此後你的整個認知會改變，你會察覺人生沒有哪一個方面可以和任何其他方面切割開來，你對整體人生的認知自然不同。

第2講　病苦多為幻想的產物

喜馬拉雅瑜伽有何特別之處？從我的觀點看來，當今的「瑜伽界」，尤其是西方世界，已經完全不是原汁原味的瑜伽，關於心靈的部分都被沖淡了。有些瑜伽老師在解剖學下了很大的功夫，對人體細部結構的名稱都能叫得出來，哪個瑜伽體位要用到哪個部位的肌肉，都可以講得非常清楚，乃至對於阿育吠陀的一些名詞也可以朗朗上口，等等。可是，瑜伽的精華部分卻往往被遺漏了。我指的是靈修的核心部分，現代人把靈修也變成了一種「技巧」，這是最令我傷感之處。

有些人去學瑜伽，常常是為了想解決一些身體或心理上的問題。這不是我們這個傳承的目的，也不是其他真正瑜伽大師教導瑜伽的目的。我們不否認，世上偉大哲理的起點是助人，解決問題當然是助人。但是，這些哲理真正關心的，不是世俗的這個或那個問題，不是健康的問題，而是一個最緊要、最終極的問題。

很久以前，大概是一九七五年左右，我在此地開過一個講座，我說：「不要老是把人生用在解決問題上，你應該要為自己建立一個不會產生問題的人生。」這就是大家沒有注意到的地方，他們總是在處理問題，卻無法建立一套沒有問題的人生哲學。在理想的人生中，是沒有問題的。即使有問題，也不會大到讓人覺得不安的程度。不要像有些人，碰到一點問題就把它放大。

佛陀的教誨，以及瑜伽理論基礎的數論哲學，都是以「苦」為開端。阿育吠陀的經典也是一樣由「苦」開始。他們不是在說某種特別的苦痛，像是關節的疼痛，或是你的鄰居帶給你的苦惱。他們所稱的「苦」，是普遍存在於宇宙世間的這一個事實，「苦」是個揮之不去的事實。你不禁要問，假如神是慈悲的，為何會容許世間有「苦」？這是個神學上的基本疑問，從佛陀到現代的無神論者都在問。

（沉默片刻後再說）

「苦」是種感受。大半「苦」的本身是沒有實質的。你去看它，它就消失了，當然你要懂得如何去看。大多數的「苦」都只是我們幻想的產物。我可以對你保證。

很久以前，我也在此地以「病中的心態」[1]為題講過一堂課。那時，我的身體正遭逢某種病變，此後我想過再接續講第二堂、第三堂，不過病情加劇，事情又接踵而至，一直沒機會續講。還有部分原因是，大多數人不能明白我所想表達的意旨。你可以讀遍所有的哲學，通曉它們所教導的生活方式，你每天早上起床，對著鏡子說：「嗯，今天我該如此如此奉行。」不幸的是，這不會讓你真正改變你的生活方式。除非你能確立一套人生觀，否則你改變不了。斯瓦米拉瑪以前不斷地提醒我們，一定要建立自己的人生哲學，而我們之所以會遭受苦痛，正是因為沒有這個哲學的緣故。

在病床上禪定

我本身在一九九一年之後，健康出了嚴重的問題，其後有六、七年，上師和醫師都不准我旅行。當年我人在德國，剛結束一場週末的研討營。週一早上穿戴好了，正準備到機場搭飛機前往美國，忽然間病魔來襲，我去不了機場，結果來了四名德國大漢把我抬起來，丟進救護車送進了醫院。嗣後七個月，我被困在當地。

可是，那段日子是我人生最美好的期間，我寫了一些自己這輩子寫過最美、最欣喜的詩篇。原因之一是，我沒有任何行程安排，不用上課。不過，我把一些卷宗帶到醫院的病床上，繼續工作，這讓醫師和護士都不敢置信。住院期間，每天可以去散步，那是我平日根本沒時間去做的奢侈事。而最、最、最美妙的是，那時有股動力驅使我進入自己內在那個沒有疼痛的所在，那股動力驅使我進入深沉的禪定。

斯瓦米拉瑪在印度的山腳下建立了一所喜馬拉雅信託醫院，我常常去那裡探視來住院的病人。我問他們的第一個問題往往是：「你躺在這裡，心裡究竟在想什麼？」這也是所有醫師、護理人員、家屬需要正視的首要問題：「病人躺在病床上時，在想什麼？」他們很多人二十四小時都躺在床上……我曾經建議我們醫院的行政管理單位，在病房的天花板貼上或畫上美麗的圖畫，躺在床上的人，滿心憂慮，不妨讓他們看些美麗的東西。可是，根本問題是，他們躺在那裡，心在幹什麼？所以我在探視醫院的病患時，都會花幾分鐘跟他們談談，建議他們躺在病床上時，心裡要想些不同的事。

以我而言，躺在病床上是最好的時刻，因為我把時間用來禪定。不然要做什麼？而且，你可以深入，可以去到那個沒有疼痛、沒有不適的所在。甚至當醫師在幫我治療時，我就躺在那裡進入禪定。在還沒有進行動脈分流手術之前，醫師先試著幫我做動脈擴張手術以及一些詳細的檢驗，整個過程我是清醒地躺在床上三小時。我告訴你，當他們做完，把我推出手術房時，我是處於極度喜樂的境地。沒錯，他們是在我身上施作，但是那個部位只占了我身體的極小比例，身體的其他部位不痛，為什麼要把注意力放在那個小地方，把那邊當成是整個你？「喔，我好痛！」、「喔，你瞧，醫師在我身上開了個洞！」、「喔，他下一步要做什麼！假如他用的那根針斷在我體內該怎麼辦！」這都還沒發生，你何必杞人憂天？儘管放心地讓醫師做他的專業工作，你做你能做的。在那三小時的手術中，我做了全部我平常沒有時間做的那些功夫。足足三小時，我躺在絕對靜止狀態，做了最細微的調息法、全套的瑜伽睡眠法。結束後，醫師對我說：「你真是位最有耐心的病人！」

我那時還沒出家，太太來德國陪我。當我從手術房被推回病房時，她神情焦急，立刻問：「這麼長時間的折騰，你一定很不舒服吧。」我輕聲回答：「噓，不要打攪，我正在極端喜樂境地。」我絕對沒有誇張。

我要說的是，大半的「苦」都是你想像的產物，是種幻想，是種情緒上的負擔。情緒的「苦」也是如此。斯瓦米拉瑪一再說，痛苦都是你自己造出來的。

我在德里有一位學生，他是非常好的眼睛外科醫師，幾年前曾幫我做白內障手術。做這個手術之前的兩小時，每隔十五到二十分鐘左右要點一次眼藥。所以在兩次點藥之間的空檔，你要做什麼？你可以坐在那邊乾等，胡思亂想，萬一手術失敗了怎麼辦，等等。這些都是自己的心在幻想，而你可以把心用來想點你可以做的事。例如，等我的眼睛好了之後就可以去讀這本、那本書，我就可以再度看到恆河邊上漫步的野象。現在，別人看得見，而我看不見那些大象，不過我不用上太空也可以看見四個月亮！

是你設定了自己的心去想痛苦的念頭。你要把這個習慣改過來，要取消這種設定。要是能做到，你就能解決許多你和先生、太太之間的問題，以及其他許多問題。

那位眼科醫師診所的隔壁就是他家，所以做完手術後，我的眼睛還蓋著紗布，就去他家吃晚餐。有這樣一位學生是我的福氣。做手術和等待的三小時中，我都處於禪定狀態，所以精力充沛，一到醫師家中，就立即為他的女兒們做啟引。

重點都是心態問題。在醫院工作的人都可以證實，樂觀、正面思考的病人會比較快痊癒，早日回家。很多人知道我的身體不好，每天跟我打招呼時都會問：「您的感覺如何？」而我會回答：「我的『感覺』非常好！」

這都是我自己親身經歷、實驗過的。任何事情我都一定用自己的生命先試過，能做到了，才會用來教人。而我的講演如果還算是小小成功的話，都因為我是用自己所實驗過的經驗來教人。我一生都在實驗，甚至在我還不識字之前就開始了。

注重均衡與均等

當你聽到、讀到我所說的內容，或許有所啟發，覺得有道理。可是當你出了講堂、放下書本，就如過眼雲煙，下一個要操心的問題就來到你心中。如我所說，你可以讀遍所有的理論，決定改變自己的生活方式。有的人決定要採取某種飲食習慣，然後他們對於該怎麼飲食就有了牢不可破的成見，變成一種宗教式的狂熱。我要你連這種固執也放下。

我的身體多病，像是糖尿病對我的飲食就有嚴格的限制。而我經年在外奔波，在旅途上每隔幾天就會換個人家住，睡在不同的床上，吃不同的食物。像我去臺灣時，當地的學生堅持要我吃米飯為主的健康中式素食，可是我卻偏偏是個每天非吃頓印度烤餅不行的人。即使如此，每當人家為我供餐時，縱然不合我的飲食限制，我還是一定會多少吃一些。因為拒絕就是種傷害，傷害就是暴力。如果你固執地堅持自己的飲食習慣，豈不是會跟「非暴力」的原則起了衝突？而難道「非暴力」不是我們該採取的生活方式嗎？

所以，在所有的誡律、規定中，你也要學會如何自在。不要固執於狹隘的看法、見地，否則它反而會成為你的束縛。

有一對跟我非常親近的美國夫婦，每次我去他們的城市，一定會招待我住在家中，對我的照顧無微不至。那位夫人患有糖尿病，有次讀到一篇關於豆腐如何對健康有益的文章，就決定今後只吃豆腐。我住在他們家中，早餐是豆腐和米飯，午餐是豆腐和米飯，晚餐還是豆腐和米飯。我問他們是否有必要如此極端，他們堅決主張這是控制血糖的不二法門，我也應該採取這種飲食法。當對方如此狂熱，你能怎麼辦？他們百分百投入豆腐，拿所有積蓄開了一間豆腐工廠，瘋狂地推廣豆腐，產品也賣進了當地超市。剛開始，生意非常成功，他們對自己的成就感到非常自豪，我只能讚美他們，你們做得真好。幾年之後，同時發生了兩件不幸的事，首先，他們的生意開始走下坡，然後，那位夫人忽然變得對豆腐產生過敏反應，如果她的皮膚沾到一滴豆腐的鹵水，馬上就會發炎。她問我：「艾瑞亞博士，我該怎麼辦？」怎麼辦，再多吃些豆腐嗎？

大家都忘了一個很重要的原則，就是「均衡」（sāmya）、「均等」（samatva）。這兩個字在瑜伽和阿育吠陀的文獻中都很常見。《薄伽梵歌》（II.48）中說：

> *samatvaṁ yoga ucyate*
>
> 能等，所以稱之為瑜伽。

瑜伽就是均衡、均等、持中、不偏不倚，能夠「等」。印度醫學阿育吠陀的文獻則是用「均衡」這個字，相反詞則是「失衡、失調」（vaiṣamya）。所有的疾病都是由於失調而引起的。因此，如果你想治療或是防止某一種疾病，而你所使用的卻是一種偏頗的手段，也許你可以消除某一種苦，卻會造成另外一種苦，因為你又引起一種新的失調。

所以，你首先要建立一套人生哲學，它應該是一個全面的、能夠綜括你一切行為、習慣、傾向的人生觀。以我們目前心靈進化的程度，固然很難把自己所有習性的設定都完全解除，但是在靜坐時，我們是在試著解除自己的設定。世上只有佛陀、耶穌基督這樣的人物，才可能完全把設定給解除。所以，耶穌即使身在十字架上，仍然在為所有的世人祝福，那就是已經解除了原有習氣的設定，就算身體被釘在十字架上，也不算什麼，因為他不是他的身體。

我們比不上這些覺者、開悟之人、菩薩，雖然我們還不能完全解除設定，但是可以重新設定自己的人格，用其他設定來取代舊的設定。《瑜伽經》中有一個很重要的字：「bhāvana」，意思是培養、觀想，一而再、再而三地留下印象。例如，你做持咒的功夫、你祈禱，就是一種設定，讓咒語、讓祈禱成為自己的設定，所以它們就成為了你。《瑜伽經》（I.28）說：

taj-japas tad-artha-bhāvanam

重誦（持咒）專注其義。

用重複持咒，加深自己對咒語意義的印象。這就是一種培養。

與同體心連上線

阿育吠陀文獻中有完全相同的說法。我在世的時日無多，但是希望我們印度學院哪天能夠派得出一位斯瓦米，來這裡教大家學習阿育吠陀的經典。（譯者按：此時聽眾有人問，為何斯瓦米韋達不能繼續留在美國執教，他略為沉默……）

我告訴你一件事，我一直這麼說，但是沒人相信我。我從來就沒有離開過這裡。你相信嗎？每一個我到過的地方，我都這麼說。不論哪一個地方的喜馬拉雅瑜伽中心，德國、義大利、西班牙、臺灣、韓國、新加坡，都一樣，只要我造訪過，我就從未離開過。因為我跟你們大家的聯繫是心靈的連結，跟那些按時規律靜坐的人更是如此。其實，也不是我個人和你的連結，是我們傳承和你的連結。

外人不明白，究竟什麼是傳承。傳承的本質是那個同體心。當你在靜坐時，你是和那個同體心連上線。那個心會用寧靜來滋養你的心。你能吸收到多少，是依你當時的吸收能力，以及你對那份天恩願意開放到什麼程度而不同。這完全取決於你！你所要專注的、所要做的奉獻，就是盡力開放自己，接受那個來自傳承、那個流入你內在的同體心。當我們提到傳承時，任何的個人不過是那個同體心的媒介，是個渠道，是個載體。這就是我們傳承的精神所在。

你靜坐時，在看顧你的，就是那個傳承。所以我們一再強調，你要定時上座，定時上座，定時上座。那個心才找得到你。斯瓦米拉瑪有個習慣，他會對人說：「我一直打電話給你，可是你不接！」聽者覺得奇怪，因為他的電話沒響過，家人也沒接到這樣的電話。斯瓦米拉瑪說的可不是那種電話。我們說的，是心靈的連結。我自己在靜坐時，都是在為大家祈禱。在我的印象中，你們每一位都是以心靈的容貌出現，我見到的不是身體的容貌。而你是以心靈跟傳承連結，這種連結即使在你離開現在的身體以後還會繼續下去。這才是我們和傳承連結的意義所在。

這種連結不是那種在靜坐中祈禱：「喔，斯瓦米吉，我跟先生鬧翻了，不知道該怎麼辦，請幫我！」這叫作跟神討價還價，完全不是靜坐。如果你要祈求什麼的話，就為他人祈禱，那麼自然會有別人為你祈禱。

傳承怎麼和我們連結，是個非常重要又非常微妙的題目，不是用來宣傳廣告的，甚至我們都不怎麼公開談論它。但是，有時候又必須講出來，否則你就不能領略。那年，我在德國開刀動了三重動脈分流手術，手術結束後，我由麻醉中甦醒過來的第一件事，就是問：「現在幾點了？」因為我應承上師每天都要在固定時間靜坐，而那時已經快要到我該上座的時間，我就立即把自己的身心準備好，準時開始靜坐。事後醫師告訴我，他們從來沒見過有人可以如此一瞬間就完全脫離麻醉的影響。他們不知道，即使在麻醉中，我意識的另一個部分仍然能非常清楚地覺知到那股天恩之流已經開始了，而我早已慣於由一己的意志來改變意識狀態。

我坐在病床上，身上仍然插著好幾根管子，活像隻章魚！我對自己的心念說：「沒問題，反正我的心靈上面沒有插管子，他們也沒有在我心靈中注射任何麻藥，沒有什麼大不了的。」所以我仍然能準時上座，仍然如常地為每一位祈禱。那可比這些插在身上的管子重要多了。

我把這一段講出來，唯一的目的是讓你知道，「沒有藉口」，你要做就做得到。你可不要說：「啊，斯瓦米吉，我們可不是你！」每當有人對斯瓦米拉瑪這麼說時，他會很嚴厲地回答：「不要把我當成是怪物！我一再說，我跟你一樣是凡人，每個人都有這種能力。」那就是他要告訴我們的事，他不要大家把他當成什麼轉世聖人來拜。我們印度人很習慣見到大師就拜，以頭去碰觸他的腳之類的。他完全不要我們來這一套崇拜，他唯一要的是我們能認真依照他的教導去做。他說：「我要大家明白，凡是我能做到的，每個人都能做到。」

不過，我要承認，我還不能做到他那個地步。我曾經計算過，要做到斯瓦米拉瑪那個境界，我還需要精進苦修兩千年！很多人聽到了可能會很洩氣：「那我們怎麼辦！」我告訴你，只要你真正發心，真有決心毅力的話，你會比我還早到達那個地步！當然，這完全沒有把天恩的因素算在內，如果老天對你開恩，你只要兩秒鐘就到了。問題在你願意敞開自己到什麼程度，能把自己放下到什麼程度。

譯注

1 原名"Attitude in Sickness"，已經摘譯為中文，收錄於《心靈瑜伽》（親哲文化），篇名為〈看待身病與心病〉。

第3講　《恰拉卡集》的療癒觀

接下來，讓我為你們簡單談些阿育吠陀的經典《恰拉卡集》（*Caraka Saṁhitā*）關於疾病和治療的概念。阿育吠陀醫學的主張是要達到「均衡」、「調和」。我曾經讀過西方的醫學界研究人在死亡過程中身體出現的變化，記得那個研究是定時抽取臨死之人身上的汁液為樣本來做分析。他們觀察到，所取得樣本中所有成分的計量，會突然出現巨大的擺盪。例如，前一次抽取樣本中血糖值升高，下一次又顯著降低。前一次紅血球數目大升，下一次紅血球數目大跌之類的起伏現象。這種震盪起伏會不停地出現，每一種成分都如此，表示臨死時身體完全失衡，是和健康狀態對立的極端。

我們每一個人或多或少都會有所失衡……（譯者按，錄音到此處似乎未能連貫，部分授課內容可能被略去）心識存在於我們每一顆細胞之內。我們仍然要解決一個問題，究竟是身體先有事，然後心識才受到影響；還是事情先發生在心理層次，然後生理層次的身體才受影響。

例如「進化論」，因為它否認神的存在，所以進化論對於主張「創世論」的人是種威脅。

但是如果你懂得「均衡」的話，就不會必然認為進化論和創世論是相矛盾的。這個話題也許跟這次講座的主題沒有直接關係，不過我的講演向來是「文不對題」，大家對我總是非常容忍，所以請容許我「離題」。

如果你能將兩個似乎是南轅北轍的理論，找到它們相互融合的地方，也就是找到它們是如何彼此互補，它們就會形成完整的一個整體。從這樣的觀點來看，進化論所表達的是神顯化為許多不同的形體，緩緩地展露祂的真面目。神是宇宙世界的總體意識，乃至於超越總體意識的。

結合進化論和創世論

依密法「坦陀羅」（tantra）的理論，神有五個主要屬性：「生」、「住」、「滅」，也就是創造、護持、消融，這三個為人所熟知的屬性，再加上「覆」、「恩」，也就是覆蓋遮蔽及加持降恩這兩個屬性。覆蓋就是示現，示現就是覆蓋。覆蓋的希臘文是「apocalypse」，今日的英文則賦予這個字一個完全不同的意思（譯者按：英文常見的意思是「浩劫」）。基督教《聖經》中，〈啟示錄〉就是「The Book of Apocalypse」，跟浩劫毀滅毫無關係，而是「啟示」，覆蓋就是啟示。

神擁有一切的「勢」、一切潛能、一切力（śakti，夏克提），可以隨時隨意覆蓋自己（隱），也可以隨時隨意示現自己（顯）。根據密法典籍，神的力又分三種：「意」（icchā-śakti）、「知」（jñāna-śakti）、「行」（kriyā-śakti），就是神的意志力、全知力、全能（創造）力。很多人對此都耳熟能詳，但是未必知道可以用來完美地把進化論和創世論結合起來。

在阿米巴單體細胞之內的神性，或者說神的「粒子」（我用這個詞，是因為找不到更合適的哲學名詞）要顯示自己，展示祂的力，由於這個意志，這個單體細胞就化成了兩顆細胞。隨後不斷地繼續分裂繁殖，開始形成具有某種特殊功能的器官，例如有「看」的需要，就形成眼睛。這個過程在現代科學理論認為是「進化」，而我們可以視為神力的示現，是神意欲有眼睛的功能，所以運用意志力由自身之內發展出眼睛的器官；運用意志力由自身之內發展出耳朵等等。這個過程是由靈的所在，也就是「真心」（Heart）[1]，造出一條通路接上感官，所以我們才有感覺作用。

講到「真心」，它的梵文是「hṛdaya」[2]，其中「hṛ」的意思是「取出、取走」，而「da」則是「給予」，所以合起來的這個字就是「能取、能予的那個」。在傳承中，「hṛdaya」可以有幾種不同的意義。一是生理上的肉團心，心臟，它就是不停地在將血液「入、出，入、出，入、出」。另一個是「心的中心」，就是我們在靜坐時常會提到的，一般為方便初學者起見，會說是在雙乳之間心窩的位置，但其實它是沒有時空位置可言的。

在密法中，與「hṛdaya」有關的另一個字是「hrada」，字義是「貯水池」。它就是靈的所在，是我們意志力、知覺力、創造（行動）力的所在。例如，有人可以即席作詩，靈感的來源就是這裡。印度文明強調創作要能不靠外物才是真本事，我知道有些歌唱家寫過四萬首乃至更多首歌。十六世紀時的聖人詩人蘇爾達薩（Sur Dasa）寫了十萬首歌來詠嘆神，其中有六百首的主題是「愛的眼神」。

這就是不靠外物的創造力，不受外在影響，不論外在環境如何，不論你遇到怎麼樣的挑戰，不論和另一半如何不合。這些外在因素是你要克服的挑戰。不是很乾脆的離婚就算是克服。斯瓦米拉瑪說，現代人只想到「更換」有問題的另一半，而不願意去「修復」與另一半的關係。我不是說絕對不能離婚，我可不是採取原教主義式的立場。我的個人哲學中沒有「絕不」這個字，連對人說「不」都不行。與人交談溝通時，有兩個字你要學會少用，一個是「我」，另一個是「不」。如果你非要對人使用「不」這個字，在說的時候要用最不帶暴力的語氣和口吻去說，以最不傷人的方式去說，要包裹著糖衣去說。這是最容易、最容易改善你和家人關係的小祕訣。

調和三種生理瑕疵類型

講回到阿育吠陀的「均衡」觀，既然生病都是由於失衡引起的，那麼健康的前題則是均衡。人的身體要舒適，就要能調和三種生理的瑕疵類型（doṣa）：風（vata）、熱（pitta）、水（kapha）。這三個體質素很難完整翻譯成其他文字，像「kapha」常被翻譯成「痰」，就不是完全正確。這三種是人格體質的類型。

例如在談論夢的時候（嚴格說來這並非出自阿育吠陀的典籍），有所謂由風引起的夢、由熱引起的夢、由水引起的夢。譬如你夢到自己會飛，並非一定是想逃避的心理因素所引起，很可能是身體的風失調的緣故。身體熱失調的人，夢中會見到太陽、燈光、大火、紅花、紅寶石等等。水失調的人會夢見海洋、河流、水塘、鳥、天鵝、白花、星星、降雪等等。

我之所以談到這些，是要提醒你，零零碎碎的片面觀點無法帶給你完整的見地，你學到某一個原理原則，要能夠把它活用到許多其他方面上。在《恰拉卡集》中，除了三種體質類型，還提到一個比較少人知道的八種本質（sāra，即皮膚、血液、肉、脂肪、骨骼、骨髓、精液、心識），它們構成人的不同個性、習氣，以及他們容易罹患什麼樣的疾病。這是另一種區分人的類型之方法。譬如，屬於皮膚本質比較顯著的人，他的皮膚會比較細、平滑、不鬆弛，個性較隨和、聰敏、開朗。我們要知道，每個人的類型可以有好幾種不同的區分法，偏於任何一種，就不完整。這八種本質完全均衡的人，就可以算得上是個完善的人。

除了三種生理瑕疵類型（風、熱、水），還有心理瑕疵類型，會引起心理失衡是由於三質性（guna，即悅性、動性、惰性）失衡。這又是另一個大題目，我們無法詳談。

「業」與疾病的關係

講到生理的疾病，就牽涉到「業」（karma）的問題。當人生病時，究竟是基因所引起的，是由細菌感染引起的，還是由業力引起的？學習心靈哲學的人應該知道，答案是：「是。」我以前遇到無法定奪的難題時，曾跑去問斯瓦米拉瑪：「斯瓦米吉，我究竟應該選擇這個，或是應該選擇那個？」他拉長聲音回答：「是——的。」我想他大概沒聽清楚我的問題，所以鼓起勇氣再問他一次。他還是回答：「是——的。」然後嚴厲地說：「好了，出去！」

他是給一個公案讓你去參，自己去想該怎麼跳出兩難的局面。他的回答就是個問題，是你的人生哲學該問自己的問題，為什麼要給自己製造選項？你為什麼不能在兩個表面上似乎是對立的立場之間找到均衡？絕大多數的人都栽在這個地方！

阿育吠陀的經典對於「業」有非常詳盡的論述，現代人認為基因所引起的疾病，在很多情況之下，不過是基因使得你有某種傾向，但是基因本身並不見得是主因，而是由於出現了其他因素，使基因變得有影響力。所以你的基因可能讓你傾向於罹患糖尿病，但你並沒有得糖尿病。也許你的基因傾向於罹患高血壓，但你不一定會有高血壓。不過，如果你因而憂心忡忡，擔心自己未來會有高血壓的問題，那你就真的會有高血壓。因為你的心一直在念著這件事，那種心念就會引起壓力。

問題來了，那麼高血壓究竟是因為自己一直在念著它，還是因為自己的基因本來就注定會得高血壓？答案是，「是——的。」

業還有一個原理，是比較少人知道的一個短語：「會形成心智的慣性」（buddhir bhavati dādṛśī），就是心智會因而變得習慣性地採取某種行動模式、做出某種選擇。為什麼如此？當某種過去留存在潛意識（karmaśaya，識庫）內的心印（saṁskāra），因為某種因素冒了上來，進入到你表層的意識中，它會觸動你心中「動性」和「惰性」這兩種質性，遮蔽了其他的可能性，使你看不見還有其他選項可行，所以你很自然地只看見某種特定的行為方式，所以就選了它。兩年之後，你懊惱地嘆道：「唉，我的天，明明還有其他可行方式，我為什麼偏要這麼做！誰都知道應該避免，我卻讓自己深陷泥沼！」別人能看見這麼做的後果，你卻看不見，因為在那個時刻，被觸動了的「動性」和「惰性」把你「悅性」的智光給蒙蔽了。

靜坐可以讓我們學會如何緩減「動性」和「惰性」的動力，使它們在那個時刻不會那麼容易地把真實給遮住。當你在靜坐時，就是在做「解除設定」的功夫。我們為你示範的一分鐘靜坐法，在一分鐘之內不讓任何干擾進來心中，結果就是將原本的設定放到暫停狀態，那是你心境最清明的時刻。如果你功夫到了，能夠輕易地進入那個境地，就在那個境地中看事情，你會做出完全不同的判斷和結論。那你的決策就會非常不同。

你可能會問：「那麼是否業力就無法左右我？難道我可以不必還業債？」答案是？「是──的。」這也不是簡單的「是」或「不是」可以回答的。不過，好消息是，也許可以。大多數宗教都有應付特殊狀況所需要的特殊祈禱、特殊咒語（請參閱我寫的一本題為《特殊咒語》的小冊子[3]）。這些的作用何在？祈禱或持咒的目的不是在對神說：「主，請幫我解決這個問題。」祈禱或持咒本身是心念的作為，也就是在造業。「業」的意義就是作為，而作為分三種，就是三種業：身體的作為、言語的作為、心念的作為。其中以心念所造的業最為強大，每一項行為最初都是由心念開始，然後才變為言語或行動。即使在法理學上也是講心念，如果行為不是出於「故意」，就不構成犯罪，而是意外事件。假如你故意去撞另一輛車，即使是小小的擦撞，也是罪行。如果不是出於故意或過失，那就是意外，縱然損害非常嚴重，也不構成犯罪，是由保險的無過失理賠來處理。

譬如說，有人希望用祈禱、靜坐或持咒來治病。固然有些靜坐是教人用觀想或是用正面思考回饋等等方法來對治疾病，這都很好。只有一個問題，就是我們前面所說的「零零碎碎的片面觀點只是種鋸箭法」，沒有考慮到整體的生活態度。我有癌症，我就坐著觀想免疫細胞在對抗癌細胞，好細胞最後戰勝了壞細胞。沒錯！這是種好的觀想法。但是，有沒有顧及用全面善的、美的心念，來對治自己一生累聚的惡的、醜的心念？「啊，我本來是個好人，過得很好，誰知道跟這個人結婚以後，就都不對了！」若有這類的想法就無法治好自己的病。

所以，我們要注意整體及全面。失調、失衡不僅僅是細胞內失衡，而是你總體心念、心態的失衡。在你不做治療觀想的其他時間裡，你的心在幹什麼？你有沒有故態復萌，仍然放縱惡的、醜的心念？假如是的話，那你還是在繼續堆積惡業。

大家完全沒有覺察到這個問題的嚴重性。你坐在這裡聽我講這段話，你手中拿著這本書在讀，都是在造業！乃至你什麼都不做，還是在造業。因為，總還是有什麼東西在你的心中留下了印記，那就是業。任何留在你心中的印記都是業。假如你坐下來看一部暴力電影，就是業。你說：「我哪有去做那些暴力的舉動？」你做了，看兩小時的暴力電影，你的內心就錄下了兩小時的暴力影像。所以，瑜伽大師會非常小心自己的所見所聞，時刻都保持警覺。

至於你在祈禱、持咒時所造的業，它會有幾種可能的作用。如果你所針對的業報不是很強，那麼你經由祈禱、持咒所造的業，也許可以沖淡業報的威力，疾病因而得到痊癒，乃至會讓你覺得業報似乎被抵銷了。即使業報很強的，但是因為你持續祈禱持咒，你的心會平靜下來，所以你對業報的感受就不會那麼強烈，心的苦痛感會降低，所以更能夠忍受身體的痛楚。還有一種情形，我見過有的重症病人得到福報，本來可能還要持續遭受病魔無情折磨的，因為持〈戰勝死亡神咒〉的加持，忽然間得到解脫而逝，少受了很多磨難，這也是有可能發生的。

祈禱持咒在阿育吠陀中稱為「神療」（daivatā），是神恩加被的治療。另一類治療則稱為「醫方」（yukti），以內服用藥，外部用藥物、按摩等手法為之。例如，在西藥「胰島素」還未引進之前，印度一貫是以按摩來治療糖尿病患者。這是用非常深力的按壓來幫助身體消化吸收，可以延長患者的生命，但每天至少要做上兩、三小時。到今天，有些人不想完全依賴藥物，仍然會使用這個療法。

有人問我：「那你為什麼要注射胰島素，為什麼不用按摩療法，為什麼不用傳統醫學的藥物？你應該要以身作則才對。」我告訴他，如果我以身作則的話，不出三天我就死了。為什麼？採用這些療法的人，一定要有閒不可，而我最缺乏的就是空閒時間。要空閒的話，我就不能繼續挑起傳承的擔子，就不能寫書、四處奔波講學、為人解答疑難、為學院的運作募款、指導全球六十幾個地方的分會、每天處理上百封電子郵件、接見訪客，還要留時間給自己靜坐。當然，我也可以多關心自己的身體，每天花兩、三小時在按摩上，我會非常樂意。我還希望有多餘的時間去散步、去游泳……但是我做不到，上師交代給我的使命一日未了，就一日不能停下來。

心理的治療更重要

我這一次出門為期六個月，要去許多地方，在好幾個機場，我已經要仰仗輪椅行動。我離開印度的第一站是新加坡，剛到時我就必須坐輪椅，我幾乎覺得這趟旅行無法走下去了，也做好進醫院的準備。三天後，我又回到講臺上課，來聽的人絲毫察覺不到我有任何異狀。我還是熬過來了。

「醫方」這一類的治療分為三種主要方式，首先是內服藥。第二是外在的手法，例如用發汗、排毒等療法，幫身體清除某些東西。第三是用油敷、吸煙等方法，把某些東西加諸於身體。吸煙！你很意外吧。古代醫書有一整章是講述吸煙療法，列出多達三十二種所使用的草藥和植物，作法是將草藥捲在蘆葦稈上，烘乾之後抽去蘆葦稈。這煙不能直接吸用，而是要擺在一個水煙壺中，煙是被水過濾後透過管子用嘴、用鼻子，乃至用身體其他孔竅吸食。「風」、「熱」、「水」三種類型的人各有適合吸食的時辰。自從香菸被引進之後，這種水煙已經消失，到今天，這種療法的專家可能都沒有了。講到這裡，也許我應該拿這些東西去取得專利才對（一笑）。今天的人把古代的知識和技術都拿去登記為自己的專利，名利雙收，實在令人感慨。

根據《恰拉卡集》，「神療」和「醫方」都是針對身體的治療法，但是更重要的治療法是心理的治療，這也是我所喜歡的題目。它說，心理部分是經由知識、智慧、忍耐、專注、靜坐等方法的治療。它談到「業」分兩個部分，一個是過去所造的業，一個是現在正在造的業。我們要用現在所造的業來平衡過去所造的業，可以沖淡它，也可以強化它。這一點，我們前面有提及。在另一個古代的梵文文獻中告訴我們，「衝動不要強忍」，這是普通常識，像是需要咳嗽、排泄時不要強忍。可是，它又列出某些衝動需要訓練自己學會強忍，例如：

- 逞匹夫之勇，從事超出自己能力範圍的勇敢之舉。
- 做犯戒之事。
- 由貪婪、悲傷、恐懼、憤怒、傲慢、無恥、嫉妒、執著等心態，所觸發的行為。
- 蓄意傷害他人的行為。
- 使用嚴厲的言語、腔調。
- 轉述不該轉述的事情。
- 說不實的語言。
- 使用在當下情境不當使用的字眼。
- 使用身體做出任何會引起別人傷痛的行為。
- 放縱於不當的性行為。
- 偷盜。

它接著說，保持身、口、意之德，培養自己的心念和行為合乎「德行、資財、欲望」之規範的人，能累積善業，因而更容易將自己的身體導入均衡。

根據文獻，這些「忍讓」的功夫是疾病之解藥，也是我在前面提到《瑜伽經》第一篇第二十八經中的「專注」（bhāvana）那個字，專注而在心中留下深刻印象，成為心印。那個字在《瑜伽經》中有兩個用法，一個是用於「持咒」（japa），不斷地重複持誦，將咒語深深印入心中。另一個用到的地方是在第二篇第三十三經「培養對立觀來對治」（prati-pakṣa-bhāvanam），當暴力之類的念頭來到時，就要培養與它對立的心念，作意在一己之內生出與它相反的心念。譬如，你對自己的先生很氣惱，想等他回家後好好罵他一頓。當你覺察到自己有這樣的念頭，就要用一種相反的心念來對治這種憤怒。你要養成新的習慣，做一個新的設定，讓新設定取代舊設定。我們應該要選定某些性格做為自己應該努力培養的目標。明白嗎？關於這些醫書的理論，就先談到這裡。

希望你能將這裡所談的道理好好消化，然後運用到日常生活中。但是，你可不要因此以後就不去看醫師了，那樣就是極端、失衡。平日無論你做出什麼樣的決定、做什麼決策，都要衡量它的心靈價值，都要問是否有助於達成心靈的目標，而不是以有助於達成工作的升遷為目標。你會說：「可是我的確需要升遷。」沒錯，你當然需要。如果你的心念夠靜，你的頭腦自然會清醒，你辦事的效率就高，升遷自然不難。效率不高，決策失誤，往往是因為心境不夠清澄，思路打結，心念一直糾纏在無關緊要的細節上，走了許多冤枉路，就是看不見捷徑。

有時候只需要寫三行就可以把事情交代清楚了，大家偏偏要寫上三十行，反而寫不出關鍵的三行。這都是心念不夠清澄的緣故。所以我經常提醒大家，不要寫十頁的信給我，能把你的問題用一行字寫出來，問題就已經解決一半了。這可以幫助訓練你的心地保持清明。

所以你要養成習慣，經常自問：「這是否有助於達成我心靈的目標？」是，就勇往直前。這會讓你的內在有股健康舒適的感覺。原本同一個決策、同樣的狀況，可能會使你感到困苦難挨，現在會變得容易多了。

問：您前面說，心識存在於每一顆細胞之內，我不太明白，可否解釋一下？

我們講「心」的定義為何，就是在回答這個問題。我給的標準定義是，「心是一種特殊類型的力場」，就如同「氣」（prāṇa）也是種力場。而心是宇宙中最精細的力場，比「空間」還要精細。宇宙間的「同體心」在個體中起作用，就成為被區隔的心[4]。頭腦是心作用的一個主要工具，但是心的力場遍佈於整個身體。

瑜伽大師懂得如何運用那個力場，所以能做出種種令人驚異的事，例如停止心跳、讓細胞再生。他能夠為人治病，是因為他可以利用自己的力場去調整病人的力場，這就是他治病的本事。大師不會為每個人治病，只有他認為這個人此生或來生能為眾生做些好事的，他才會出手。你希望大師幫你，就必須符合沒有私心的前題條件。你想：「但願我的身體得到康復！」憑什麼？世間有幾十億、幾十億個身體，來了又走了，你的身體有何特別？那些法老王、帝王都躺在地下，充其量可以在金字塔裡面占據一個最佳地理位置的房間！問題在於，你的心是否夠資格承受天恩？假如你確實能完全毫無私心地為他人做出貢獻，那你就夠資格。你的老師會在他的能力範圍之內幫你，而他的上師，上師的上師，所有傳承中的聖者，都會來幫你。這取決於你。

你可能讀過有些瀕死經驗的報導，基督徒是見到基督，佛教徒是見到佛菩薩，印度教徒見到奎師那或羅摩，無神論者見到光。神佛告訴他們：「你離世的時間還沒到，回去人間。不過你的人生要做出改變，為別人做點事。」那是他們被送回來的條件。很多經歷過瀕死經驗的人，在復甦之後就會改變，開始以無私的心態為他人服務。假如就因為病人是你的什麼人，去求上師保佑，恐怕還是無法扭轉業力的結局。

譯注

1 在翻譯成中文時，譯者習慣將「mind」譯為「心」，以涵括所有mind的意義（例如思想、感覺、情緒、記憶等）。此處大寫的「Heart」，則是譯為「真心」，以示區別。請讀者留意。

2 有可能為中國古代佛學中譯成「紇利陀耶」一詞。

3 已經譯為中文，收集在《夜行的鳥》（北京中央編譯出版社）一書內。

4 例如一百個空瓶，因為受到瓶體的區隔而「似乎」有一百個不同的空間存在，讓瓶內的空間各個自以為不同。一旦瓶子碎滅，就只有一體的空間，不再有區隔的幻象。至於「同體心」如何在個體中作用，使得個體認為有個「自我」存在，是個根本無明的問題，例如鏡子反映陽光，似乎本身在放光，而自以為是太陽。作者在《瑜伽經白話講解》（橡實文化）中屢屢提到，請讀者自行參閱，於此不贅述。

第 4 講　持咒與療癒祈福

每次在靜坐結束時，我都會請大家在心中默想許願迴向：「我不求個人得益，此坐若有些許功德，當全部獻給無明苦痛之無盡眾生，願他們早日開悟，願他們早日脫離苦痛。」這是「菩薩誓」的一部分，我個人發的誓願就是菩薩誓。

跟各位老實交代一件事，我從來不做自我治療，無論生理的、心理的、情緒的都不做。我實在沒有時間來練這些功夫。這次的主題是「靜坐即是自我治療」，這個題目訂得很好，因為它很時髦、很吸引人。

我說個故事，在某個偏遠的村莊來了一位雲遊的僧人，村民常常圍聚在他身邊聽他開示。不久後，僧人發現其中一位村民非常虔誠，可是面露愁容，就問他有什麼煩惱。這位村民對他說：「大師，我每次來聽課都非常歡喜，得到很大的好處。我有個兄弟是村子裡的酒鬼，他再這樣下去實在不行，我希望他也能來您這裡聽講。只要他能聽您講一次課，哪怕就見您一次，對他就會有所幫助。可是他根本沒興趣，我拉不動他，真不知道該怎麼辦才是。」僧人對他說：「這次時候差不多了，我該繼續上路。不過，不要緊，我還會回來，下次來會記得為他做點事。」

過了一段時間，僧人回到村子。這次，他帶著一塊牌子掛在他住的茅屋外，上面寫著：「酒館」。果然那位村中的酒鬼路過，看見牌子就走了進去，僧人和他四目相交，目的就達到了。我告訴你，如果你見到一位菩薩，只要他看你一眼，你就會醉上一輩子。

所以，這次講座會選這個題目，是因為你們喜歡它。「自我治療」、「自助療法」，這個時代到處都是自我如何如何，所以這題目就是吸引你們前來的「酒館」（眾笑）。

對於我們已經發了「菩薩誓」的人，這個誓不是一段誓詞，而是我們的基本心態。它已經成為我們生命的本質，少了它，我們就只是一具屍體。我沒有時間去自我治療，沒有時間去問自己是否進步了，沒有功夫去想我今天的情緒是否好過昨天、我感覺如何、我能否控制自己的憤怒。我連發脾氣的時間都沒有，沒有時間可以浪費。但我會找時間去幫別人平息他的憤怒，讓他不要再傷害自己。希望各位有在靜坐的人，都能夠朝這個方向前進。

訂題目是行銷手段，我真希望不必如此。那，我為什麼打坐呢？不是為了讓我的心境能平和，我打坐其實都是在幫別人的心遠離紛擾，找到平和。而在我講課的日子，我的心會比獨處的日子更為平和，因為有了動機的緣故，我的靜坐會坐得更深。我要你們都有同樣的動機。如果你是為了把平和帶給世界，你的靜坐就會更得力。你的「世界」有多大或多小在所不問。那就是菩薩誓。

藥師琉璃光王經

既然我們的題目是「治療」，我覺得有必要為大家唸一段佛教的經文，是一位醫藥之王（藥師王）所許的誓願，這部經的梵文全名是：

Bhaiṣajya-guru-vaiḍūrya-prabhā-rāja-sūtra

《藥師琉璃光王經》[1]

經文是在歌頌一位王者，他是有著琉璃光耀的醫藥上師。

經文開頭是段歸敬文：

經文

嗡，皈依遍知者，皈依世尊藥師琉璃光如來[2]

解釋

「如來」是對所有佛的稱號，就是「我本本我」（I am that I am）。

如是我聞，一時世尊，遊化諸國，至廣嚴城，

住樂音樹下，

---

[3] 廣嚴城（Vaiśālī）在佛陀那個時代，西元前六世紀時，是最早採行民主政體的城邦，世界最早的議會廢墟遺址仍然可見，距離現今比哈邦（Bihar）首都帕特那（Patna）約一百英里。佛陀在世時經常造訪此地。有些歷史學者認為，佛陀所建立的僧團制度是參考廣嚴城的政治制度而建立。

「vihāra」（住樂）這個字是安居或嬉樂的處所，佛教的寺院也稱為「vihāra」，所以寺院是安樂的場所，寺院要守誡律就應該樂之。現今「比哈」邦的名稱「Bihar」，就是由「vihāra」這個字演化而來，因為當地曾經滿佈佛教的寺院，是佛陀的誕生地。

佛陀安住在會發出音樂聲響的妙樹

與比丘眾八千人、
菩薩三萬六千、
及國王、大臣、婆羅門、居士等眾，為十類生靈所圍繞，而
為說法。

爾時，曼殊室利法王子，

以佛威儀，
裹袈裟偏袒右肩，

下。（譯者按：依照斯瓦米韋達的解釋，這句話應該是「住樂」「音樹下」，而不是「住」「樂音樹下」。）

佛陀和一群人數達八千的僧團。

連同三萬六千名菩薩。

這「十類」需要解釋，我會為各位補充（譯者按：譯者所聆聽的錄音檔並沒有加註十類生靈是哪十類，但參考漢譯經文，所指的應該是佛經中的「天龍八部」及「人」、「非人」，共十類。）

Mañjuśrī，曼殊室利[4]是智慧之佛。
他是「法王」Dharmarāja 之子。

如佛一般的威儀。

我們到今天仍然如此用披肩裹身，
露出右邊肩膀和手臂。

右膝著地，面向世尊，躬身合掌而白世尊：惟願世尊為說往昔諸類如來名號及本願，令我等聞者清除業障，以施慈悲於來世像法友情眾生。

爾時，世尊讚曼殊室利言：

善哉！善哉！

曼殊室利，汝乃大慈悲者，起無量慈悲，為饒益安樂諸天、人，為饒益業障所纏眾生故，曼殊室利，諦聽，善思維，吾為汝說。

曼殊室利言：惟然，世尊。

世尊告曼殊室利：

由此佛土向四隅之東

過十恆[5]河沙數之佛土

他雖然是智慧之佛，但此時他表現出年輕弟子的言行。

sādhu sādhu，意思是很好、很好，非常得體。

曼殊室利這位年輕弟子回答佛陀，專注聽著。

由我們現在這個佛土往東方前進。

穿過像十條恆河的沙粒合起來那麼多數目的佛土。

有世界名琉璃光，有如來、
應供、
正覺妙住、
明行足、
善逝、
世間解、
無上士、
調御丈夫、
天人師、
覺者世尊。
曼殊室利，彼世尊藥師琉璃光如來行菩薩行時，發十二大誓願。
彼第一大願為，願來世得無上正覺時，以得菩提故，我身光明照耀無數世界；當我以三十二丈夫相、八十種好之身重臨時，願一切眾生得獲同身。

值得敬重、
樂於安住完善覺悟、
具有天賦的知識以及善行、
已經完善去達、
了知所有世界、
無可超越、
如同駕馭馬車一般在調教世人、
做為天神以及人類之師、
已經覺醒開悟世之尊者。

「三十二丈夫相」指覺悟成佛者之大丈夫身體莊嚴，有三十二種主要特徵以及八十種次要特徵。

彼第二大願為，願來世得無上正覺時，以得菩提故，身如琉璃，內外清淨，無復瑕垢；諸光明加附我身，願光焰之網超日月之光；是故一切世界眾生，無論何人，處極暗夜亦能於我光明中行走各方；以我光明觸十方故，願其善成吉祥事業。

彼第三大願為，願來世得無上正覺時，以得菩提故，願眾生自我處得無盡智慧、方便、氣力；願其於無量有情世界享用無盡；願眾生彼此無相怨之苦。

彼第四大願為，願來世得無上正覺時，以得菩提故，願諸誤入歧途或行聲聞道或行獨覺道眾生，皆以無上大乘道導之。

彼第五大願為，願來世得無上正覺時，以得菩提故，若有眾生修行梵行，願其善守戒行無有缺失；若有偏失，願其得拯免於墮落。

彼第六大願為，願來世得無上正覺時，以得菩提故，若有眾生其身下列，感官殘全，白癩頑愚，聾啞目盲，身曲背彎，

梵行（brahmacarya）指守淨身戒。

痲瘋癲狂以及種種身病，願彼聞我名，感官俱全，肢體痊癒。

彼第七大願為，願來世得無上正覺時，以得菩提故，有眾生為諸病所苦，無護無歸，無醫無藥，無親可依，若我名一經其耳，願彼諸病平服，願彼遠離病患苦厄，直至證得菩提。

彼第八大願為，願來世得無上正覺時，以得菩提故，若有任何人母，為女人百不利所惱，厭離女身，意欲捨女人身，若彼持我名不懈，願此人母來世不必再得女身，直至證得無上菩提。

彼第九大願為，願來世得無上正覺時，以得菩提故，令一切眾生脫離魔怨陷阱，若有墮入種種魔怨見地深淵者，願我促其趨向諸正見，示其菩薩正行次第。

彼第十大願為，願來世得無上正覺時，以得菩提故，一切眾生遭逢王法牢獄鞭笞，或當刑戮，以及無量災難、凌辱，遭人以身、語、意擊打，願彼以聽聞我名，以我威德，得解脫一切危難苦厄。

魔怨（māra）指是種種誘惑。

彼第十一大願為，願來世得無上正覺時，以得菩提故，一切眾生為飢火所焚，為求食所逼而造諸惡業，願彼以持我名故，我當施彼最妙色香味食，飽足其身。

彼第十二大願為，願來世得無上正覺時，以得菩提故，若有眾生貧無衣物，日夜為寒熱蚊蟲所苦，願彼以持我名故，我當施以上妙衣服，亦以寶物、配飾、塗香、樂團奏歌擊鼓，令其滿足；願一切眾生一切所求，我皆滿足之。

曼殊室利！此即為彼世尊藥師琉璃光如來、應供、正覺，行菩薩行時，所發之十二大願。

所有的佛教寺院都會誦念這部《藥師經》，尤其是在為病人祈福的時候會誦念。

（譯者按：斯瓦米韋達遇到身患重病的人求助時，如果對象是佛教徒，他有時會建議對方誦念〈藥師咒〉，他也曾經留下〈藥師咒〉的錄音送人，如果病人無法自行念誦，可以戴耳機聽他讀誦的錄音。他所引用的梵文咒語（以及中文讀音）抄錄如下。）

BHAIṢAJYA-GURU-MANTRA

藥師咒

長咒

Om namo bhagavate bhaiṣajya-guru-vaiḍūrya-prabha-rājāya

嗡 稽首 世尊 藥 師 琉璃 光 王

tathāgatāya arhate samyak-sambuddhāya, tad yathā,

如來 應供 正等 正覺 即說咒曰：

bhaiṣjye bhaiṣajye bhaiṣajya-samudgate svāhā

藥 藥 藥 普世救度 斯瓦哈！

- 中文讀音

嗡。南摩。跋嘎伐提。百莎吉亞，姑如，發愛杜—瑞亞，普拉罷，若啊—嘉—亞

他塔—嘎他—亞。阿爾哈提。三米亞克 三布達—亞。他地亞塔—：

百莎捷。百莎捷。百莎吉亞，三姆嘎提。斯瓦—哈—！

短咒

bhaiṣajye bhaiṣajye mahā-bhaiṣajye bhaiṣajya-rāje samudgate svāhā.

藥　藥　摩訶藥　藥王　普世救度　斯瓦哈

• 中文讀音

百莎捷。百莎捷。馬哈—百莎捷。百莎吉亞，若啊—捷，三姆嘎提。斯瓦—哈—！

金剛能斷智慧波羅蜜多經

前一部經是給藥師的，藥師也就是醫師。下面這一部經，則是給教師的，經題是：

Vajracchedikā Prajñāpāramitā Sūtra

《金剛能斷智慧波羅蜜多經》

「波羅蜜多」（pāramitā）在佛教裡有六種，這個梵文字是「pāram」（渡過、橫渡）和「ita」（去了）組合而成，字面意思是「渡過去了」，橫渡河川，去到對岸。它被引申為「完美、完成」的意義。「Prajñā」是智慧（或「般若」），「Prajñāpāramitā」就是終極智慧。經題是：能切割鑽石的終極智慧。這種智慧如此鋒利，可以切穿金剛鑽石。因此，這部經通常也被稱為《金剛經》。我為大家選讀其中幾段：

經文

須菩提，
汝意云何，如恆河中所有沙數，如是沙等恆河，
是諸恆河沙，寧為多不？
須菩提言，甚多，世尊。但諸恆河尚多無數，何況其沙。

解釋

須菩提（Subhūti）是人名，為佛陀的原始弟子之一。

世尊問須菩提：你怎麼看，如果有如同一條恆河中所有沙粒數目那樣多條的恆河？（在美國，我們可以講「密西西比河」。）這麼多條恆河中所有沙粒的總和，數目是否很多？

須菩提同意的確很多，如此多條恆河的數目都數不盡了，何況其中的沙。

須菩提，我今實言告汝，若有男子、女人，以七寶滿爾所恆河沙數三千大千世界，以用奉施如來、應供、正偏知，得福多不？

須菩提言，甚多，世尊。

佛告須菩提，有男子、女人，以七寶滿爾所恆河沙數三千大千世界，以用奉施如來、應供、正偏知，復有善男子、善女人，於此經中，乃至受持四句偈等，用以教人開化，而此福德勝前福德。

須菩提，如有男子、女子日日捨如恆河沙等自體，如是經恆河沙等劫數捨自體，復有善男子、善女人，於此經中，乃至受持四句偈等，用以教人開化，而此福德勝前福德。

須菩提，如有男子、女子集七寶聚，量等三

如果有像那麼多條恆河沙粒數目的世界，而有男子、女子以七種珠寶佈滿如此多的世界，又將所有珠寶用於供養諸佛，這樣的人所累積的功德是否很多？

須菩提說，的確，如此之人能累積無數功德。

佛說，這方面有男子、女子，以佈滿如此眾多恆河沙數世界的珠寶，用來供養諸佛；另一方面，有良家子、女，從這部經中引用一段四句偈，來教導啟發別人。後者教導他人之行為所累積的功德，會大於前者。

佛說，這方面有男子、女子每日均能夠捨離相當於恆河沙數之多的、對自體的執著，能日日如此不斷，經過了相當於恆河沙數之多的劫數之久；另一方面，有良家子、女，從這部經中引用一段四句偈，來教導啟發別人。後者教導他人之行為所累積的功德，會大於前者。

佛說，這方面有男子、女子，將三千大千世界中所千大千世界其中所有須彌山，以用奉施如來、應供、正偏知，復有善男子、善女人，於此經中，乃至受持四句偈等，用以教人開化，前福德較此福德百分計之所不能及。須菩提，若地方所聞此經典，此地方所當為世間諸天及人、非人等之所供養、禮敬、右遶如佛靈廟。

有的須彌山都佈滿七種珠寶，用如此數量的珠寶來供養諸佛；另一方面，有良家子、女，從這部經中引用一段四句偈，來教導啟發別人。前者所累積的功德，不及後者百分之一。

佛說，凡是誦念學習這部經的地方，將會被天神、人類、非人類，所供養、禮敬、遶轉，視那個地方有如一所神聖的寺院所在。有時候，我會把這一句經送給在教學的人，然後寫上：「願你教學的座位成為神聖寺院的所在。」

你可能覺得《金剛經》這幾段聽來似乎有些誇大，但是對於一隻螞蟻而言，宇宙的規模是難以想像的。如果你對螞蟻說宇宙中有多少星雲、多少銀河、多少星球、要多少光年才能從一處到另一處，牠的確會覺得太誇大。

有個知名的寓言故事說，一隻青蛙生在一頭牛的足印所形成的水坑中，從來沒有見過世面。

有一天，另一隻住在海邊的青蛙路過，牠們互相打招呼。

水坑裡的青蛙問：「你從哪裡來？」

另一隻說：「從大海那邊來。」

「大海會比我這個地方大嗎？」

「你這個小東西，你懂什麼！大得多了！」

水坑的青蛙跳了一大步，說：「會有這麼大嗎？」

「噢，大多了！」

水坑青蛙又多跳了好幾大步，「難道有這麼大？」

「唉，還要大得多！」

水坑青蛙再跳了幾十步，另外一隻蛙還是說海更大。

水坑青蛙堅定地說：「你這騙子！那麼大的地方根本不可能存在！」

所以，以我們的境界，覺悟聖人之心量也是不可能存在的。這就是我們的問題，這就是為什麼我們不去求那個境地。我們處在足跡大小的水坑中，洋洋自得。

還有一個故事說，印度傳統神話中，帝釋天（Indra）是天帝，他是統領天界之帝。有一天，聖人那拉達（Nārada）造訪天宮。那拉達也是音樂家，發明了印度的弦樂器維那琴（Vīṇa），他遊戲於所有的世界之間，彈奏著神聖的維那琴，歌詠著神，向宇宙眾生傳播各地的消息。

帝釋天對那拉達炫耀，說自己在往世做了極大功德，所以才轉世為天帝。他問那拉達：「你所到過的其他世界中，有哪一個能比得上這天界？」

那拉達輕鬆地回答：「嗯，當然有。」

「什麼！真的？誰的地方？」

那拉達就指著下面很遙遠的一個地方，要帝釋天專注地望過去，問：「你見到那頭在污泥坑中的豬嗎？牠的享受跟你相當。」

帝釋天覺得難以置信。

那拉達說：「如果你是一頭豬，就會相信了。」他就以神力將帝釋天變成泥坑中的一頭豬，而豬當然會享受在泥坑中打滾。

隨後，那拉達再將帝釋天變回天帝，回到天宮，帝釋天從此傲氣盡失。所以對豬而言，泥塗就是天宮。

我們每一個人在聖人的眼中，不幸地都深陷於小小水坑中而不自覺。這些坑就是種種繫縛，我們的身體、感受、思想就是坑，我們的名聲、頭銜也是坑，我們的習氣、對事反應的模式是坑。無論我們怎麼試，就是爬不出這些坑。縱然我們掙脫了某一種習氣，它只是被所養成的另一種習氣所取代，會帶來相同程度的痛苦，坑還是坑，還是泥塗。

你一定要發心，立下誓願，將自己從這些習氣所設定的繫縛之中解脫出來。到了某個地步，當你的心力變大，你會不再求自己的解脫，你唯一的動機將會是如何幫助他人得到解脫。正因為如此，你自己就得到解脫。正因為如此，你心量的限度會發生改變。正因為如此，你將會把天恩帶給自己。

有時遇到挫折，你不免會氣餒。遇到阻逆，尤其是當無私的奉獻仍然遭人誤解乃至刻意曲解，此時如果我觀察到自己的心態因而變得低沉，我會對自己說，這都是因為我的苦行、自我淨化功夫還不夠，所以才會發生這種狀況。因此，別人遇到了會心灰意冷，我反而會提醒自己、鼓勵自己。這是我唯一的自我治療方式。

我就講到此處。希望你們能反覆思索消化其中的意義，把它應用在自己身上。但是邏輯推理是有一定限度的，到某個層次就無法完全依賴邏輯分析，一大堆問答也幫不到你。你不是忽地豁然明白，就是還不明白。如此而已。那個時刻來到，它「噠！」（斯瓦米韋達彈指）

一下就通了，你心會神領：「啊，原來如此，行了！」那個境地對你就變成了真實境地。在此之前本來覺得是真實的，現在反而變得不真實了。在此之前原本以為是幻想的境地，現在自己知道是真實無比。開悟就是這樣子到來，是分階段，逐個、逐個來到。逐步、逐步擴充。

結束前，我們做一次非常簡單的靜坐。你坐在原地，將覺知力拉回到自己這邊來。

一旦你把心放開，身體自然就放鬆了。

等身體放鬆了，現在去感覺自己呼吸流動的情形。保持呼吸輕柔、緩慢、平順。當呼氣將要到盡頭時，提醒自己注意，不要停頓，隨即去覺知吸入下一口氣，當吸氣將要到盡頭時，提醒自己注意，不要停頓，隨即去覺知呼出下一口氣。

在心中決意，接下來的一分鐘不要有任何雜念，就只去感覺自己的呼吸。做出決意，開始……

（約一、兩分鐘後），現在，不要打斷呼吸的流動，繼續保持如此的覺知，輕輕睜開你的眼睛。

在心中決意，自己每天會經常找機會如此靜定片刻，重回此刻的心境狀態，只要有一、兩分鐘的空檔，就如此練習。久了之後，你就能讓自己的感官靜下來，你對外界的干擾能越來越淡定處之。

好好享受這刻，願神祝福你。

譯注

1 本經曾經多次譯為中文，早先的譯本據說「梵宋不融，文辭雜糅」，到了隋朝的達摩笈多將經名譯為《佛說藥師如來本願功德經》。唐朝的玄奘將經名譯為《藥師琉璃光如來本願功德經》，義淨則譯為《藥師琉璃光七佛本願功德經》，都簡稱《藥師經》。一般將「藥師琉璃光王」稱為藥師「佛」（buddha）或藥師「如來」（tathāgata），而不稱藥師「王」（rāja）。

2 斯瓦米韋達在講課時，直接以英文翻譯出經文，中間插入特殊的梵文名詞，並沒有說明是根據哪個梵文版本，但可能較為接近達摩笈多所譯。譯者在翻譯經文時，一概以斯瓦米韋達所講述為準，對照的解釋為斯瓦米韋達對經文的補充說明。輾轉翻譯的結果，與一般習見的文字或文義或有出入，請讀者留意。

3 也有譯為「毗舍離」。

4 亦譯為曼殊師利、文殊室利。

5 恆河（Gaṅgā），佛經中亦譯為「殑伽」。

第6課　為何他不能治好自己？

——譯者按：斯瓦米拉瑪於一九九六年十一月十三日圓寂。二〇一二年，斯瓦米韋達寫了一段短文，回答了很多人心中的一個疑問：「斯瓦米拉瑪神通廣大，他曾經為許多弟子解除病痛，為什麼最後不把自己醫好？」以下是這篇短文摘譯。

一九八〇年八月，斯瓦米拉瑪的病情加重，身上所有的孔竅都在滲血，醫師的診斷是操勞過度。當時他還在美國，就召集了幾個弟子來到他身邊，和他一起靜默了一段日子，告訴我們：「我的上師在呼喚我，我要走了。」於是他交辦了後事，和大家說再見後，就隻身飛回印度去見他的上師。同時，他命我將全家從美國搬到印度的瑞希克希城居住，要我從此在他所創建的道院中鎮守。

他離開之後幾個月音訊全無，我們都不知道是否會再見到他。記得我們一家預定在那一年的十二月十七日啟程去印度，他在十六日忽然打電話來。我很興奮地問他：「您現在哪兒打這通電話？」他回答此刻人在香港。我問他身體的狀況，他告訴我：「孩子，我很好，但是我的上師剛剛圓寂了。天意注定，到了這個時候，我的上師、我、你三個人之中，有一個必須要走。我上師說，他自己的任務已經完成，卻還有十四年的陽壽未盡，而我還有未完成的使命，所以他就把那十四年轉了給我。」

幾個星期之後，我在德里見到他。他看起來非常健康，跟以前沒什麼兩樣。隨後他就著手在尼泊爾興建一所道院。道院完成之後，他立即回到瑞希克希，開始規畫為喜馬拉雅山區的民眾興建一個巨大的醫院基地。

其間我暗暗地數日子。十四年過去了，他還在。我鬆了一口氣。可是，他的身體又開始衰弱，也開始說：「上師在召喚我了，這一次世界留不住我了。我的使命已盡，非走不可。」我們都見到他的身體承受了很大的痛苦，人日益消瘦，可是仍然站得筆直，絲毫不流露出傷悲的神情。他依舊啟迪人心，領導醫院進入最後階段的建設。

大師跟凡人一樣都會生病。近代揚名世界的大師斯瓦米辨喜難陀（Swami Vivekananda）死於糖尿病。偉大的聖人室利拉馬納馬哈希（Sri Ramana Maharshi）死於癌症，而據說當醫師想動手為他治療時，他說：「有這個身體才是我的大病，我正在利用這個小病來把身體給解決掉，它可是我要用到的工具，而你們卻想替我消除這個小病。」

研究過大雁尊者拉瑪奎師那大師（Paramahamsa Ramakrishna）的人，對瑜伽大師投塔普利（Totapuri）這個名字一定不陌生[1]。歷史上許多瑜伽大師常常換名字，他也不例外。他最後為人所知的名字是投塔普利，在一九五八年捨棄肉身而去。據說，他一生都在默默地把別人的病痛移到自己身上，然後再把病給化掉，但是他並沒有把從別人那裡拿來的糖尿病給治好。人家問他為什麼不能治好自己，他回答：「等時候到了，我就必須離開這個身體，我把這最後一枝箭留在自己的箭囊裡，到那個時候用。」

喜馬拉雅國際信託基金醫院是在一九九二年奠基，到了一九九六年已經是一所設備完善的營運機構，其下附設的醫學院和護專都是印度政府所認證的學校。斯瓦米拉瑪身邊不乏醫療團隊，以及弟子們從世界各地為他請來的專科醫師，可是一眾名醫對於他的病情卻束手無策，連病因都無法達成共識。

我問他，為什麼這些專家的診斷結果都不同。他不屑地說：「沒用的！」

早些時候，我曾經想安排一場火供儀式誦唸〈戰勝死亡神咒〉為他的健康祈福。他說：「別人為我誦咒有什麼用？這咒子還是我傳出來的！」跟著他這麼多年，我親身體驗他能將別人的病痛移到自己身上，也聽過許多人述說同樣的經歷。但是為什麼他卻不肯為自己著想？我追問：「可是您一生治好了許多人的病痛，為什麼不把這個治病的本事用在自己身上？」他回答：「在我們這個傳承，是不許把這種本事用在自己身上的。」

我接著求他：「那您把這本事傳給我，我用來為您治病。」他輕笑道：「那你所使用的還不是我自己的本事？同樣不許。」

這是活生生地為我們上了一堂課，瑜伽大師所謂完全無私是什麼意思。

他在世的最後幾年，每天都在醫院基地巡視，連圓寂當天也不例外。

終於，一九九六年十一月十三日，他捨身而去。

譯注

1 大雁尊者拉瑪那奎師那也是一位近代被尊奉的聖人，他是斯瓦米辨喜難陀的恩師。而在拉瑪那奎師那的傳記中，特別提到一位謎樣的行腳僧瑜伽大師投塔普利，是他從地上撿起一塊碎玻璃，壓入拉瑪那奎師那的眉心，拉瑪那奎師那當下悟入最高的不二境地。

第7課 心靈解脫才是終極的醫療目的

——譯者按：本篇是根據斯瓦米韋達於二〇〇六年在美國加州著名的「靈智科學學會」（Institute of Noetic Science），接受國際瑜伽治療師協會（International Association of Yoga Therapists）薩杜（Veronica Zador）女士的一篇專訪紀錄，經過整編後而成，原篇名為：〈治療即心靈解脫〉（Therapy as Spiritual Liberation），原文載於國際喜馬拉雅瑜伽禪修協會二〇一二年八月會訊月刊。

什麼是瑜伽的醫道？

帕坦迦利的《瑜伽經》第二篇第十五經[1]是在解釋什麼是「苦」。闡述《瑜伽經》最權威的毗亞薩（Vyasa）在解釋這段經文時提到，醫療之道是建立在四根梁柱[2]之上，就是：

1. 病（roga）。
2. 病因（roga-hetu）。

3. 無病，**健康**（a-rogya）。

4. **治療**（bhaiṣajya）[3]：治療之法，就是醫者所使用以及病者所遵照的方法和手段。

所謂「瑜伽之學」（**yoga-śastra**，或者說瑜伽道）就是解脫道，也同樣是建立於四根梁柱之上：

1. **輪迴**（saṁsāra）：我們來到這個物質世界空間，像隻螞蟻攀附在轉動的車輪上而下不來。
2. **輪迴之因**（saṁsāra-hetu）：我們是如何來到這輪上，也就是世間輪迴的起源和成因。
3. **解脫**（mokṣa）：由世間輪迴解脫，得自在。
4. **解脫道**（mokṣa-upāya）：解脫的方法。

所謂的「醫道」（cikitsā），就是解脫道的一部分，不能離解脫的訴求而單獨存在。在梵文中，「醫道」這個詞的字面意義是「求知」、「格知」。要求知，就必須先承認自己不知，就像《卡塔奧義書》（*Katha Upaniṣad*）中的主人翁納奇柯達（Naciketa）一樣坦白承認（書中記載少年納奇柯達向死神閻摩求教死亡之奧祕）。因此，瑜伽醫道就是在求知解脫道。醫療的種種道理和方法，都是這個大前提之下的支流。如果醫者和病者不是在求這個「知」，就不是醫療。

那麼，知什麼？是要知自己所有的層面。要知自己是：

1. **阿特曼**（ātman，本我），是神性之波。
2. **質多**（citta），是心地。
3. **我執**（ahamkāra），是對虛妄自我的執著。
4. **心識**（manas），是心的種種活動作用。

種種精微抽象元素：地、水、火、風、空，它們是以「識」的元素狀態存在，因此也就是我們內在的心理、氣、呼吸的狀態。

種種粗大具體的元素，也就是和地、水、火、風、空等精微元素同名稱而顯相的元素。所謂「識」的地、水、火、風、空等元素，不是可以那種被覺知到的外物，不是那種具體的，例如我們雙腳所站立的大地的那種元素。它指的是那個由「識波」所形成的地、水、火、風、空，是「識波」留駐在不同脈輪中心而形成的五種形態：

1.在「底輪」（mūlādhāra）是土（地）。

2.在「生殖輪」（svādhiṣ hāna）是水。
3.在「臍輪」（maṇipūra）是火。
4.在「心輪」（anāhata）是風。
5.在「喉輪」（viśuddha）是空。
6.在各個心識中心則是心識（意）。

每一個脈輪中心都各自有不同數目的花瓣，能打開這些「識」的花瓣之人，就能掌握每一個脈輪中心所個別對應的地、水、火、風、空這五種精微元素，以及它們在外在世界所對應呈現出來的固體性、流動性、燥熱性等等現象。我們在外在世界的種種個體及對象中所經驗到的這五種元素，都是由這些「識」的層面所投射出來的幻相（māyā）。而在脈輪中，它們是以抽象、沒有方所（具體位置）的「場」存在。所謂親證這些「場」，也就說它們對於修行人而言已成為「真實」，修行人能掌握控制它們在外在世界所展現的具體、有方所的「場」。而經由向內觸及這些抽象的「場」，修行人可以調校自己的心識、氣、身體之狀態，從而克服這五種「場」失調所導致的疾病。引起疾病的原因，是有形的元素無法從各自所對應的抽象元素那裡得到養分，以及抽象元素無法在各自所對應的脈輪，經由氣和心識，從「識」獲取充足的能量。

因此，能知這些精微抽象的元素，以及精微抽象的感官知根，就能從這個「知」投射出具體的感官知根，這個投射就是從「識」所冒出來的星火。具體的感官知根，是我們接收外界刺激的渠道，而這些刺激來自於我們周遭的世界。具體的感官知根以及外在世界，其源頭是外在的地、水、火、風、空五種物質狀態。對這整個合成體系的求知欲，就是所謂的瑜伽醫學，是解脫道的一個部分。

身體並不是我

脈輪中那個精微抽象、無方所、最具潛力的「識場」是一端，另一端則是我們粗大具體的感覺功能，能覺知具體的地、水、火、風、空。這兩端之間是種種的中間狀態。例如有種「呼吸節奏之學」（svara-śastra），就把呼吸由粗到細分為土呼吸、水呼吸、火呼吸、風呼吸、空呼吸。當今很多哈達瑜伽老師常教人做的閉氣功夫（kumbhaka，或稱為屏息），就屬於最粗的土呼吸。而禪定瑜伽老師不必「教人」，他是用引領的方式，帶弟子經歷呼吸由粗變細的過程，到最後呼吸能細微到自發地融入空的境地。屆時，左右鼻孔之氣息合二為一，也就是中國道家所畫的太極圖中，白裡的黑眼和黑裡的白眼相互交融。

在沒有到達這個境地之前，我們會以為自己完全是由這五大元素所構成的。因為我們對自己是持如此的認知，所以我們認知周遭世界，也只是以所對應的固體等等狀態存在。

要知自己所有的層面，知這些「識的能量場」的種種狀態，需要用到某些特殊的修練功法，以及相關的咒語。若能成功修練，就會懂得一切與健康有關的學問。在印度傳統醫學阿育吠陀的用語中，「健康」常常是用梵文「sva-stha」來表達。今天的印度語言還是使用這個字，意思是「安住於一己自主狀態之人」。「自主」是拉丁文的「suum」，或等於梵文的「svam」，無法正確轉譯為英文，是「做為真正的自己、本然」的意思。但這個真正的自己並不是那個「ātman」（自性、本我）的自己。「安住於一己自主狀態之人」是說此人已經知曉：

- 什麼是健康。
- 什麼是健康之源。
- 打通阻塞，讓健康之源流動無阻。
- 如何在「識能量場」內，形成健康之源，並且鞏固之。

因為精通對於「識」的修練，就能明白相對應的種種元素和功能，有耗損的部分就能得以修復。但這並不是說瑜伽士從不會生病。當代大哲室利拉馬納馬哈希（Ramana Maharshi）說，「有這個身體」就是種超級疾病，而身體是由五種元素所構成，這些元素自先天就已經開始在身體中互動，其所產生的化學反應是後天無法完全逆轉的。但是，它的效應卻可以有所減緩。更重要的是，一旦

我身體的元素失調＝我生病

的觀念消失了，就不會再把身體認成真正的自己，「身體並不是我，是那個本我有個身體」。

前面說過，梵文「醫道」（cikitsā）這個字有「求知欲」的意思，所以要先承認「我不懂」。醫者和病者都需要坦承不懂，能坦白承認自己對於宇宙神聖真實的無知，這個謙卑情懷就是治療的起步。

唯有放下我執我慢，一切治療才能開始。

這個道理可以應用於許多不同的領域，我們可以據此想出各式各樣的心理及生理的醫療手法，從身形矯正到咒語矯正都能適用。

咒語治療

我最愛讀的世界文學作品之一，是拜火教瑣羅亞斯德（Zarathustra 或 Zoroaster）傳承的聖典《波斯古經》（*Avesta*）。拜火教徒在印度又稱之為「波斯」（Parsees 或 Parsis）。這一部古典作品可以和印度的聖典《吠陀》相提並論，兩者有非常密切的關係。

古經中有一段寫道，「光之神」（Ahur Mazda）叫瑣羅亞斯德在山洞中坐上十年，來守護神聖之火。瑣羅亞斯德祈請太陽神現身，於是光之神來到，問瑣羅亞斯德：「你求什麼？」瑣羅亞斯德就像《卡塔奧義書》中的少年納奇柯達一樣，表示自己是在求知。神問他：「你有了知又如何？」如同魔鬼對耶穌基督的試驗，納奇柯達以及佛陀也都受過這種試驗。神說：「我可以給你感官最高的享受，把大地所有的財富都給你，你何必非求知不可？」瑣羅亞斯德拒絕了當財主，也不要當帝王。因此光之神就如其所願，把他所追求的知識給了他。

《波斯古經》說，治療可分三類：

1. 動手術。

2. 施以草藥、植物、礦物。
3. 使用咒語。

依據拜火教義，宇宙中有七種正面的能量，稱為「咒語身」（mantra tanu），它們的身體就是咒語。印度的傳統也有類似說法，宇宙間有渾身是光的天神（devas），他們有兩種身：光身和音身。根據咒語之學的介紹，神首先是以音聲咒語為身。

《波斯古經》說，三種治療法中，真治療要以咒語為之。

在梵文裡，「咒語」（mantra，曼陀羅、真言）這個字的意義很廣泛，它也有「祕密輔佐」的意思。國王的宰相叫作「曼陀利」（mantri），意思是保有咒語之人。到今日，印度、馬來西亞、印尼的總理（pradhāna）也叫作「摩訶曼陀利」（maha-mantris），意思是首席保有咒語者。雖然在這些國家的語言裡，部長是「曼陀利」，但我不知道這些部長中有幾個人懂得咒語，可是這個字是在報章和憲法中所使用的稱呼。身為內閣閣員，本來應該是保有咒語者，而總理是首席閣員，自然是首席保有咒語者。古代的宰相是曼陀利，他是國王政經外交施政所諮詢的對象，為了幫助強化施政，他就會給予咒語。所以施政和咒語也是不分的。古代講治術的典籍裡特別提到，真言（咒語）不入「六耳」（ṣaṭ-karṇa）。咒語若是入了六耳就破了，它只能存於傳授咒語和領取咒語師徒兩人之間，只能入四耳，不能入六耳。凡是咒語就必需祕傳。

最高等級的醫者是傳咒者。他不只被人諮詢該如何做，他還能把力量注入諮詢之人。諮詢之人就是病者，也可以說是門徒，因為**病人即是門人**。

請記住這一點，病人即是門人。兩者之間沒有區別。門人即是上師要治的病人。所以說，最高等級的醫者是傳咒語者。

到今日，有些人看了一些關於這種學問的書（當然比連書都不讀的人好），就開始為人傳咒語。可是在瑜伽的傳承裡，傳咒語是個啟引的過程。我的上師從不輕易授權他的弟子成為傳咒者。古代典籍寫道：

看守它，保護它，因為它是你的寶藏。不要把咒語傳給愛嫉妒之人、不樸實正直之人、沒學會自我控制之人。不要把咒語傳給此等人。

這就是為什麼在印度，保有咒語之人寧可讓這門學問失傳，也不肯傳給心術不正的人。在古代，無論學習什麼，從射藝到醫術，弟子都要和上師在森林中隱居，同住在一個屋簷下多年。古代傳授醫道是要學習求知，今天傳授阿育吠陀的方式是辦個週末的工作坊，差異太大了。當然我還是要尊敬今日的老師們，總好過沒有老師。阿育吠陀的典籍裡特別強調一點：

如果醫者不能淨化自己，他就無法治好人。

對於醫者，自我淨化是心靈訓練中不可或缺的一環。無論哪一類醫科的醫師，他常常都會自我質疑，為什麼盡了最大的努力，病人還是死了，這對他是個謎。在阿育吠陀，特別是瑜伽醫學的訓練中，真正的臨床訓練必須包括學習謙遜。醫者必須經常自問：「為什麼我的治療方式無效？我應該要做什麼樣的自我淨化？我該持什麼樣的咒語？我在從事醫療時的心態是否高傲，認為是自己在治療，自己無所不能？還是以無我的心態為之？」如果身為醫者不能如此自省，不能如實自我淨化，無論是阿育吠陀還是瑜伽醫道都不會有效。不能謙遜就不能為醫。

因為能無我，所以才能明白，解脫道和醫道是息息相關的。最終極的醫療是讓「門徒病人」或者「病人門徒」得到心靈的解脫。

譯注

1 《瑜伽經》第二篇第十五經：pariṇāma-tāpa-sa skāra-duḥkair guṇa-vṛtti-virodhāc ca duḥkham eva sarvam vivekinaḥ（由於見及壞苦、苦苦、行苦，以及諸質性與作用之相彼此違逆之故，對於有明辨智慧者，一切都只是苦。）

2 這個「四柱」的鋪陳方式是印度古代哲學所特有的方法論，稱為「catur-vyūha」，catur 是「四」，vyūha 是「排列、佈陣」。佛陀最早宣揚的教誨「四聖諦」（苦、集、滅、道）就是採用同樣的鋪陳方式。

3 「bhaiṣajya」也是「藥」的意思，例如佛教中著稱的「藥師」佛就是「bhaiṣajya-guru」，而在藥師咒中則譯音為「鞞殺社」。

第8課　給憂鬱症患者的建議

——譯者按：一位患有憂鬱症（或譯為抑鬱症）的學生問斯瓦米韋達應如何對治，他的建議如下。

憂鬱是一種疾病，它有兩個主要的成因：由生理激素（荷爾蒙）引起的，以及由心理因素引起的。這兩者之間會相互影響，互為因果。只有專家才能診斷出某個患者是先受到哪個原因所影響，究竟是因為激素失調而引起的心理現象，還是因為長久以來所積聚的心理因素所引起的激素失調。

患者需要進行詳盡的醫療和心理檢驗。「我沒事」、「我不需要看醫師」之類拒絕承認的態度是很不智的。這種態度既危險又會加重病情。

患者要做的第一步是，不要自責，不要認為自己犯了什麼錯，不要認為自己背叛了哪位斯瓦米、背叛了你的父母、配偶或其他人。千萬不要有這種心態。

第二步就是《薄伽梵歌》（X.6）的一段訓文，也是我人生的座右銘，對我幫助很大：

uddhared ātmanānaṁ nātmānam avasādayet
ātmaiva hy ātmano bandhur ātmaiva ripur ātmanaḥ

以己力提升一己　莫容許一己消沉
一己之友唯在己　一己之敵亦唯己

或者，去好好研讀斯瓦米拉瑪的《薄伽梵歌：永恆的心理學》書中關於這一章節的闡釋。要經常從事有氧運動，例如疾步行走，跑步。就橫著心去做，強迫自己和自己的意志對抗。

每天做三次「風箱式呼吸法」以及「急促縮腹式（或譯為額頭光亮、頭顱清明）呼吸法」，就像是在遵從醫師指示服藥一樣。但不要超過自己的限度，在還沒有變成過度換氣之前，就要停下來。

每天做三次「左右鼻孔交替呼吸法」，這有許多不同的練法。

上述的種種特殊呼吸法，請跟喜馬拉雅瑜伽傳承所培訓出來的老師學習。時下有很多半生不熟的老師教導這些特殊呼吸法，但是他們卻忽略了必須先教會學生：(1)正確的坐姿，(2)放鬆法，(3)橫隔膜式呼吸，(4)練調息法時脊柱和頸部的姿勢，(5)合適的手印，然後才去練特殊呼吸法。

患有憂鬱症的人，不可以教他做深度的放鬆法，只可以練簡單的「放鬆—緊張」法。

患有憂鬱症的人，靜坐時絕對不宜久坐，以每隔二、三小時一次，不超過三至四分鐘的簡短靜坐即可，坐時可配合數息或持咒。

憂鬱是一種受到壓抑的憤怒，你要讓它發出來。我甚至曾經把某種特殊的咒語給特定的對象，幫他發怒！

這段期間，請你要避免獨處的傾向，要嘗試多跟別人歡聚，即使勉強自己這麼做都是值得的。

憂鬱的成因多半單純是激素問題造成的，而不是心理問題。例如，眾所周知婦女停經就是種暫時性的因素。生產時大量消耗激素，常會造成產後憂鬱症，是另一個例子。只有專家在做過徹底檢查之後，才可以告訴你真正的病因。

以上所建議的幾個方法，應該要經過精神科醫師（而非心理醫師）同意為之，尤其在醫師有開治療激素失調藥方的情形下，更是如此。是的，我也是相信整體療法之人，但是我仍然要規勸你聽從現代醫學。請務必接受我的規勸。

當你覺得自己的情況略為穩定下來，可以慢慢地停止服用藥劑，繼續做上述的心理和心靈修練，但前提仍然是要在醫師的同意和監督下為之。這些修練是一輩子的事，不僅僅是憂鬱症的解藥，對於自己心理整體的堅韌度也有助益。

第 9 課 淺談以瑜伽幫助術後康復

瑜伽以及其他相關連的傳承觀點都主張，我們的肉身（粗身）是以精微身（細身）做為模子，所灌鑄成形的。

請容我在此重複一個我已經講了很多次的比喻，假如你將一張紙放在一塊磁鐵上，在紙上撒一些鐵屑粉，鐵屑粉會自動依照紙下磁鐵的磁力線場之分佈而成形。同樣的道理，我們的肉身也是依照精微身的力場分佈型態而成形。磁鐵的磁場分佈有所改變，就會改變鐵屑粉的分佈型態，而改變鐵屑粉的分佈型態則不會影響到磁場的分佈。不過，形成我們整體人格體系的各個層次，例如靈的層次、心念層次、氣的層次、呼吸層次、身體層次，是彼此交互牽連的，它們的連結非常緊密，以至於常常無法區隔開來。一個層次的變化，可能會、也可能不會引起其他層次的變化。

雖然上述觀念並沒有影響到現代醫學，但是現代醫學大致同意一個理論，就是我們整個身體的結構型態都已經深深刻印在自己的心腦綜合體中，而且就連是腦的哪一個部分在負責保管這個結構型態，都已經被找到。這個理論被用來解釋所謂的「幻影肢體」現象，就是病人在截肢手術之後，依然能在被截除肢體的所在感覺到痛楚。

我個人的看法是，原本肢體被截除就如同是改變了鐵屑粉的分佈。而「幻影肢體」還能感覺到痛楚，是因為原本的力場還在，即使已經沒有神經連結，心腦仍然能經驗到力場。感受並不是留存在神經裡，而是留存在刻印於心腦中的結構型態裡。

本文所做的建議，目的僅在為從事醫療的人士提供些許參考方向。

沒有人能完全睡著

我們知道人在經歷各種重大創傷時，會進入休克狀態，而一般認為休克是綜合了許多生理反應所引起的。因此，即使是在完全麻醉的狀態下，病人在手術中也有可能進入休克。這種既是生理的、也是心理的休克。

在此我們要提及，瑜伽對於睡眠和昏迷狀態，以及對於因麻醉而引起的失去知覺現象的認識。第八世紀的大哲商羯羅阿闍棃為吠檀多的經典之一《梵經》（*Brahma Sūtras*）所寫釋論，在解釋「**昏厥乃半結合，僅餘此理**」[1]（*mugdhe'rddha-sampattiḥ pariśeṣat*）這句經文中，對這些狀態和現象有所論述，限於篇幅，此處無法探討經文。

從來沒有人能完全睡著，沒有人能完全昏迷，即使在麻醉效應下也不可能完全無知覺。醒來、睡眠，或是昏厥，或是被麻醉的狀態，只會發生在表層心識，不是整個心都進入這些狀態。心的其他部分，例如，能觀的心，是整體心識之所在，仍然在作用中。我以前舉過很多類型的例子，證明心並沒有完全睡著：

假如完全睡著了，怎麼會聽見別人叫你的名字？是誰聽見的？

即使睡著了，感到冷時會自覺地拉被子蓋。是誰在保持警覺身體的冷或熱？

孩子睡覺時會滾落到床下，長大了就不會。當我們睡到床沿時，是誰告訴我們不要翻到床外，該向裡面挪動？

至於昏迷不醒的植物人，我們已知如果有人出於愛意將手放在病人額頭，他的血壓就會降低。

至於接受麻醉的人，這情形好像是進入隧道，無論你帶著什麼東西進入隧道，你出隧道時也會帶著同樣的東西出來。例如，有人在開始麻醉時憶持著咒語，當麻醉藥力退除時，他會繼續憶持同一個咒語。有時候，麻醉師要確定病人完全被麻醉，會要求他由一、二、三……一直數下去，慢慢地，病人的聲音越來越小，直到停止數了，就完全進入麻醉。可是當他從麻醉中醒來，往往會從剛才沒數完的地方繼續數下去。所以，這裡面一定有個什麼其他的東西在保持運作。這些都還需要繼續探索，還需要周密的研究，也許可以把標題定為：「麻醉時心識種種層次的面貌」。此時，能觀的心還是繼續在觀、在經驗，只不過是和神經與腦的聯繫處於暫停狀態。

休克效應是一種失衡

還有一個原理，在印度傳統醫學的阿育吠陀中特別講究：當身體某個地方出現「失衡」（vaiṣamya），整個系統都會失去平衡。這可以視為阿育吠陀對於為什麼休克能夠致命的解釋。很多病人在手術過程中死亡，很有可能並非因為手術本身失誤所導致，而是由於他的潛意識引起身心休克。即使沒有當場死亡，那個會引起休克的因素仍然沒有消失。休克效應必須被視為、被定義為一種失衡。

每當身體系統內任何一部分處於失衡狀態時，局部的失衡不會是孤立的事件，因為身體的所有系統都是息息相關的，所以其他部分也會出現不同程度的失衡。以下是個失衡現象的部分清單：

- 心識、心念、腦、氣、呼吸、身體，可能是其中任何兩個，或者全部，無法彼此連結協調運作。
- 腦的不同部位可能失去協調，不能平衡運作。
- 各種不同激素系統，腦液、脊髓液、下丘腦、腦下垂體、松果體、甲狀腺、副甲狀腺，以及其他激素的失衡。
- 胸、心臟、心肺系統失衡，不能協調運作。
- 消化系統，包括肝臟、胰臟的功能在內，出現部分或全體、暫時或永久的衰竭；比較輕微的失衡現象會表現在食慾減退、消化力、排泄功能變弱。
- 製造血液各種成分的作用受損，或者血液的成分失衡。
- 吸收營養（特別是微營養）的作用被打亂。
- 排廢的作用，例如死細胞、廢氣等，經由呼吸、淋巴、腸道、尿液、子宮壁膜脫落等無法正常運作。
- 病患身邊的人覺得他的性情改變，但不明白這可能是由於不舒服、激素失衡等因素所引起的暫時改變。由於沒有寬容對待，導致病患的性情加劇改變。
- 不正常的體重增加或減輕。

- 內部的器官、外部的四肢（肌肉和關節）變形。
- 抵抗力系統失衡。
- 非生理原因的疼痛，包括胃痛、腹痛、種種頭痛；它們並非是想像出來，而是神經和腦系統失衡的產物。
- 誘發的睡眠失調。
- 夢境的型態令人不安。
- 依據阿育吠陀的說法，**悅性**（sattva）、**動性**（rajas）、**惰性**（tamas）**在它們所作用的風**（vāta）、**熱**（pitta）、**水**（kapha）**這三種類型中失衡，而引起局部的喪失道德意識**，進一步引起心理的失衡。

以上所有的失衡現象，無論是單一的，還是好幾種現象同時發作，都可能引起心理的病症。例如，激素失衡可能導致憂鬱、忿怒、自我毀滅的行為傾向，像是喪失自我控制能力，或是覺得自我形象惡劣。

所有現象，乃至任何單項，都可能會以不同方式減緩病人康復的過程。

這些只是部分的清單，從這些類別中還會衍生出各式各樣的變化，它們都屬於休克效應症狀的一個部分，而且可能會引起更嚴重的併發症，甚至在體內引起新的疾病，更不用說會造成死亡。而一般僅認為死亡是由於某種生理功能衰竭所導致，卻不認為死亡是由於整體人格系統出現功能錯亂形成休克所導致。

我們建議，有智慧的病人自身應該要能辨認出休克效應的症狀，使用從瑜伽的功夫中學到的自我訓練，來減低休克效應的力道和影響。

病人的親友可以用下面的方法幫助病人：

- 以音聲、觸摸、關懷來緩和他的感受。
- 提供自家烹調養分均衡的食物，在病人沒有胃口時，要用愛意勸他進食。
- 自行或僱請專業人員為病人按摩。
- 禱告。可以勸病人自行為之，或由親友在病人身旁或其他地點，請祭師、牧師、法師，或個性和諧莊嚴之人為之。考慮在祈禱時順帶做火供或其他祭祀。（針對不同的失衡現象，會有不同的特別祈禱文及特定的祭祀法。）
- 播放柔和的音樂，誦念美麗的詩文。
- 提供機會，並用睡眠、靜坐及持咒（坐著躺著都可以）、瑜伽睡眠的呼吸法等方式，讓病人得到足夠的休息。
- 讓病人閱讀啟發人心的讀物。

- 在病人附近擺放啟發人心的圖像（而不是播放擾人的電視節目）。
- 訪客和照顧之人的肢體和面容都要放鬆，不要擺出緊張的姿勢。
- 態度要愉悅，不要將問題和衝突帶到病人周遭。
- 醫師不要以為術後的休克效應只不過是輕微和暫時的現象，應該要嚴肅對待。

手術後遺留的心理問題

我個人毫不懷疑手術後必定會遺留下某些複雜的心理問題。我很清楚那些是什麼樣的問題，此處礙於篇幅而不詳述。無論如何，對這裡提出的建議需要進行有系統地大量研究，是非常必要的。

我舉一個例證。有一部神聖的經典叫《聖母七百頌》（*Durgā Saptaśatī*），是我們修行中人每天都要背誦的。它總共有七百句頌禱文。剛開始時，我每次都要花上四十五分鐘，才能把全部七百句背誦完。慢慢地，當我的靜坐變得更深沉，就只需要二十五分鐘即可背完，有時候甚至可以快到十七分半。到這個地步，它不再是背誦，而變成是在更深沉、更細微、更高頻率心識中的一種憶持。

可是當我做完心導管手術後，立即發現自己心念的速度變慢了，我做這種憶持層面的心念頻率變低了。在做完手術後的十多年，我很努力試著恢復十七分半的憶持速度，但從來沒有能夠快過二十三分。我堅信是因為那次手術影響了我某種氣的型態，後遺症是心念的頻率變慢。

很多人在術後都報稱會出現某些不尋常的現象。有位病人報稱在做過腦部手術之後常感到暈眩，就問我是否手術不是百分百成功的緣故。她提出這個問題，所以我寫這篇短文順便回答她。我的看法是，由於腦部動手術，動手術的部位或是腦的其他某個部位因而受到損傷，它的功能會被腦的另一個部位所取代，這就需要時間讓腦的各個部位重新建立彼此的協調關係。我認為她術後的暈眩，很可能是因為腦的不同部位不能夠適應協調而引起的。當心理和生理的休克效應消除之後，應該可以重新建立協調性，這個不適的現象就會停止。

此處我所希望傳達的訊息是，手術中對生理系統和心理系統都會造成休克效應，我們至今對這種休克效應的性質還沒能全盤了解。我建議組一個跨界的研究團隊，仔細設計研究方法，進行深度的調查。希望從此大家能重視術後的種種不適反應，不會再輕忽地說：「這只是你的心理作用罷了，不要緊。」反而會積極採取行動，重新把病者被手術擾亂的系統帶回協調和「均衡」（sāmya）的狀態。

為了要讓整個身心人格重新建立均衡，種種瑜伽的修練法就非常有必要。這些修練法到今日幾乎是眾所周知的：均衡養分，從事靜默，靜坐，調息（例如左右鼻孔交替呼吸法），以及體位法。不過，不同的手術會引起不同的術後休克效應，所以必須使用不同的功法，這就要由熟知放鬆法、靜坐法、瑜伽睡眠法的瑜伽專家來指導，才能獲得更好的效果。

這裡再簡單談一下比較細微層次的瑜伽治療。

要治療某個器官，並不是光把注意力集中在那個器官就可以達成。關鍵往往藏在別處。例如，要對治暴食的失調現象，關鍵是在喉輪。要對治便祕可以由觀想進入心穴密室而得到改善，而不是將注意力集中於結腸或其他腸道部分。

同樣的，不同的治療需要用到不同的咒語。例如，有種將咒語遍及全身的「流佈法」（vyāpaka），它可以再細分為許多不同的方法。只有受過「微系統」瑜伽治療之人，才會有足夠的知識來正確運用這些方法。

設計這個研究計畫必須要注意的是，屬於控制組的受測者不單是運用瑜伽，還要分別運用不同的瑜伽系統方法，尤其要有人運用「微系統」。

目前而言，如果有人覺得自己有術後症候群，而醫師無法或不願解釋成因，就應該尋求合適的瑜伽老師，指導習練更細微的呼吸，以及更細微的靜坐。這會需要寫一本詳細的瑜伽醫學教科書，開列出針對什麼樣的休克效應症狀，要運用到哪幾種瑜伽和靜坐法來對治。這將會為整體醫療研究開啟全新的一頁。

譯注

1 常人的意識只有醒、夢、眠三種狀態，商羯羅阿闍棃在闡釋本句經時，一一駁斥昏厥是屬於這三種狀態，但也不是另一種狀態，而是屬於「半結合」，半屬深睡半屬死亡，只有這個理才說得通。

第三部

心靈修行的實踐和應用

如何將修行應用於一己的
家庭方面、人際關係方面
乃至於眾人的
企業經營和追求社會的和諧

虔敬而無比感恩地
歸伏於
通達自我控制
的喜馬拉雅瑜伽大師
斯瓦米拉瑪
跟前
他使我面對自己許多黑暗的角落
並且照亮和平服它們
願他不滅的足跡
繼續引領我們全體

Swami Veda Bharati
斯瓦米・韋達・帕若堤

第10課　時時保持一己心靈的平靜

靜坐就是一種自我管理之道。

這裡所提出的種種建議，目的是在為任何的團體營造出和諧的氣氛。這世界上的「不溫厚」已經到了泛濫的程度，處處盡是在展現自尊和自大。我們口中不停地說著要善待弱勢階層，但只不過是基於憐憫心理罷了。我們在善待「低下階層」，善待窮困階級，善待兒童，善待「職工」，善待不同國籍、宗教、膚色、文化、語言的人同時，也以為這些弱勢階層的人就應該對我們展現出謙順的態度。若是哪一天他們不肯順從，我們就會妄自尊大地壓抑反抗者，因為我們自以為是「優越階級」！

我們高聲怒吼反對核子戰爭的口號，卻不能在日常生活中平息自己的忿怒心。請問，如果我們連一己的心靈都不能保持平靜，要如何防止戰爭？

同時，我們總是否認自己的暴力、不溫厚、嚴厲、瞋心、自尊、自大。如果有人說：「你不夠溫厚。」我們會即刻防衛自己脫口說出：「什麼？我一向是個溫厚的人！我一向謙恭自抑！你的批評有失公允！」等等。

真正的心靈導師能令我們敢於面對自己內在的「惡魔」，進而助我們驅魔。

本書敬邀讀者時時：

- 自我觀照
- 自我省察
- 自我淨化
- 自我靜化

請務必接受邀約。

如果你是擔任所謂「管理」、「領導」的職務，請牢牢記住：你不是在從事管理或行政工作。你是在從事自我靜化和自我淨化的心靈修行，以自我完善為最終極目標。所謂的「管理」和「行政」的行為，都是踏上這條心靈之道上的步伐而已。

本書所建議的種種方式，在應用於現代社會的工作中或是待人接物時，是否會顯得不夠實際？

大事不是一天能夠成就的。

要改變，就要開始著手去做，縱然改變的速度慢如蝸牛也在所不問。

我們在日常生活中待人接物、在職場工作時，不要表露自己是在做心靈的修行。同樣地，本書所建議的種種原則，也要慢慢地應用於外在的世界，你要仔細省察它們在什麼狀況下能為他人所接受，避免引起他人過分的抗拒。

一旦你開始實驗，它給你職場中的「員工」、家庭中成員所帶來的正面效應，就會不斷地讓你感到驚異。

不幸的是，即使在我的心靈大家庭中，每天居然還是會見到嚴厲、不溫厚、傲慢、對立的態度，這讓我感到傷心和悲痛。另一方面，我們卻讀到前聯合國祕書長安南（Kofi Annan）一段發人深省的談話。他可是必須要在極度現實的環境下，為錯綜複雜的國際衝突解決問題之人。他說：

> 有時候，想讓人家聽你的，你不一定要和別人鬥。你不用靠跟人鬥來改變別人的想法，或者讓別人同意你的看法。真的，沒這個必要。
>
> ——英國倫敦《衛報》二〇一二年十月一日第六至八頁專訪文

這番言論是出自一位地位如此崇高的人士，他如果不是極端務實的話，是不可能登上那麼高的職位。有一次，我出席聯合國的世界心靈領袖會議，在議事大廳中親身聆聽他對大會的致辭，他內在那股從非洲傳統心靈價值得來的靜逸和安穩，讓我留下極為深刻的印象。

安南的言論，與我自己平日所做的實驗，以及我在區區一己的圈子中與人溝通所得到的結果，是不謀而合的。

本書所建議的種種原則都是非常實際的，可以輕易地應用在個人的家庭生活中，應用在和朋友交往上，更可以實踐在企業和社會的事務上。請大家傾全力去實踐應用。

我祝大家能成功地達到

citta-pra-śamanam, citta-pra-sādanam

內心靜逸，內心愉悅。

第11課　從心靈觀點出發的治道

在西元前四世紀時，印度就已經是一個帝國，規模跟好幾個世紀之後才出現的羅馬帝國不相上下。當時印度帝國的皇帝名為「羌德拉笈多」（Candragupta），他聲名遠播，連希臘人都知道遠方有這一位賢君，稱他為「Sandrogottos」。笈多皇帝的宰相名為「恰那吉雅」（Cāṇakya），他依照婆羅門哲人的傳統，住在一間小茅屋中。每次皇帝要諮詢這位亦師亦臣者時，就得親自登門求教，在距宰相住所還有幾里之遙的地方，皇帝就下車，徒步前往宰相的茅屋，以示尊重。

這位宰相的主要著作是《治道論》（*artha-śastra*），這是一本治世之學的經典著作。這部書的附篇題為〈恰那吉雅箴言〉，列有五百七十一條治世的精要箴言。頭幾條箴言是：

- 安樂之本在於「德」（dharma）。
- （立）德之本在於「治」（artha）。
- 治世之本在於領導統御。

- 領導統御之本在於能征服感官。
- 征服感官之本在於能「虛心自律」（vinaya）。
- 虛心自律之本在於能事奉長者。
- 能事奉長者，才能有「實證知識」（vi-jñāna）。
- 願君子以實證知識來圓滿自我、充實自我。
- 能培養自我、充實自我之人，乃能征服自我之人。
- 已經能征服自我之人，其所祈求、所追尋者，均得以成就。

梵文「artha」（治）這個字，包含了世間一切能夠資以維持生計的事物和手段，因此它既是政治又是經濟，此兩者在古印度的治世之學中是不可分家的。

不過，我們可以從上面所引用的箴言看出來，要有成就，核心在於能征服感官、自我控制，在於能經由事奉智者、長者，而培養出謙遜、自律的心態。

我們可以用這個教誨來檢驗現代的治世手段，看看它在哪些地方沒有依循古代的理念。如何運用古代的理念，來解決現代世界的商業和政治問題，是一個大題目，可以寫成好幾部長篇論文。我們究竟做到多少自我控制和征服感官，以及在長者、智者面前展現謙遜和自律，來訓練自己，以有所成就？在我們經營生意時，究竟用了多少實證知識來做為指導原則？

「實證知識」是什麼意思？在《薄伽梵歌》之類的典籍中，「實證知識」（vi-jñāna）這個名詞常常和「單純知識」（jñāna）同時出現。偉大的商羯羅阿闍棃說，兩者的區別在於，單純知識是理論和文字上的知識，而實證知識則是自己親身體驗得來的知識。不過，此處所說的「實證」，並不是指我們從日常生活中得來的那種經驗，而是指能夠開啟我們直覺功能的那種心靈經驗。

這就和瑜伽及禪定有關了。

若沒有禪定的功夫，就不可能學會做到控制自我，不可能征服自己的感官。若沒有禪定的功夫，也不可能自我收斂，就不可能真正做到虛心。禪定能讓人明白，因為長者有直覺的智慧，所以值得尊敬。然後，禪定才能讓人找到進入自己內在智慧的門徑。

我們一方面說要征服感官、要謙遜、要有直覺智慧，可是一般觀點認為從事世間的商業活動必須要靠掠奪、競爭、主動的手才能求勝，這之間是否有矛盾？依照古人的智慧，成功不是非得採用掠奪性的手法不可。

印度古代有位蒙兀兒帝國的君主名叫阿克巴（Akbar），他有位聰明的大臣名叫畢兒博（Birbal）。國王最喜歡他，所有的大臣都很嫉妒。他們問國王為什麼如此偏心？他有什麼地方比我們好？國王答應會找個日子答覆這個問題。

有天早上，所有的大臣都上朝了，國王就給大家出了個題目。他在一塊板子上畫了一條線，要大家「把這條線變短」。這麼簡單的事當然難不倒眾人，大家競相擁到板子前，其中一人把那條線擦掉一部分。

國王說：「不行，不行。我要你把這條線變短，但條件是你不可以動到它！」這下可成為難題了，沒有人可以解決。

國王最後轉向畢兒博，要他上來「把我的線變短，但是又不可以動到它」。畢兒博一話不說，拿起筆，上前在板子上畫了一條更長的平行線。

國王畫的線

畢兒博畫的線

他稟報：「陛下，現在您的線變短了。」

這可不是在和別人的線爭長短，只是把注意力深深地集中於自己的內在，不用去理會別人有什麼成就，就盡自己一切努力把手邊的工作做好。如果能夠完全自我控制，掌握自己的感官和情緒，完全虛心積極地作為，向有智慧的人學習，這樣的人當然能夠「不爭而功成」。

針對這個題目，我們還可以繼續發揮下去，但是那要另外寫一本書才夠。這裡我們要回答，究竟該用什麼樣的禪定法來完善自己，然後能成功地引導自己走上前面所建議的治世之道。

喜馬拉雅瑜伽靜坐法

禪定靜坐的法門有很多種，應該選擇哪一種？我們所提議、所教導的是喜馬拉雅瑜伽的靜坐法。

喜馬拉雅瑜伽的靜坐法，涵括了所有正派的禪定靜坐法門，所有主流的靜坐法門都是整個喜馬拉雅瑜伽靜坐體系中的一個單元。例如，「內觀」（vipassanā）禪修法門，教人在開始時把注意力集中在呼吸的流動和對身體的覺知上，但是沒有使用咒語來凝聚心念。超絕靜坐（Transcendental Meditation）則是只用咒語而不講究覺知呼吸。佛教禪門靜坐則是用某些手法來對治妄念。喜馬拉雅瑜伽的靜坐法，除了用到所有這些法門之外，還有更多的法門，是更為全面的。在我們這個傳承所調教出來的人，必須要學會每一種法門該用在什麼地方，以及它在整體架構之下是處於哪個環節。

在此，要請讀者參閱本文作者所寫的兩本小冊子[1]：《靜坐初步》、《喜馬拉雅瑜伽傳承的禪修靜坐》，裡面對於喜馬拉雅瑜伽基本的靜坐法門有完整的介紹。相信你讀過之後，就能明白這小冊已經囊括了所有主要的靜坐法門在其中。我們傳承的優點是，受過完整訓練的教師也會熟悉許多其他的靜坐法門。教師在一開始教導靜坐時，就可以針對學生個人具體的情況需要什麼樣特殊的法門而施教。例如，若是一位情緒方面需要加強的人，就會教他把注意力放在心窩部位，而若是位偏理性思考的人，就有可能要他集中在眉心部位。

我們甚至可以很放心地說，大多數的靜坐法門都是從這個傳承的體系所衍生。這衍生出來的，有可能是屬於某一個完整體系的一支特別法門，例如大家熟悉的少林寺，它就是天竺僧人把靜坐法門帶來中國時的落腳之處。

「禪定」這個名詞，最早在印度遠古的吠陀時代（一說是西元前兩千年）是稱為「殿亞那」（dhyāna）。佛陀把這個梵文字用百利文（Pāli）發音就成了「將那」（jhāna），傳到中國就成了「禪那」[2]。禪宗又從中國傳入了高麗，也傳到日本，日文的發音是「zen」。無論名稱如何，他們的禪定法門在喜馬拉雅瑜伽傳承中都有，但是此傳承裡有的靜坐禪定法門，在其他法門就不一定有。

誰是喜馬拉雅瑜伽傳承的開山祖師，這在歷史上無可考證。可是，過去四千年卻留下了許多大師的名號。一般外界人士對此不會感到興趣，所以本文就不一一列出，但這已經足以標誌出這個傳承悠久的歷史和師徒相傳的靈性法脈。印度的《大森林奧義書》被現代的西方學者推論是西元前十四世紀的作品，那本書一一列舉了著書之前六十九代先師的姓名，由誰傳給誰，交代得很清楚。這個法脈一直到今日仍然延續不絕。這麼多世紀以來，儘管傳承裡孕育出一些獨特的門徑，給它們冠上不同的名稱，也自行開展出各自的義理和教法，可是那股主流仍然持續滋潤著各個分支宗派，也因應時代所需，滋潤著每一個新崛起的文明。它會使用每個時代當今文化的語言和詞彙來教學。因為它是放諸四海而皆準的，所以能歷久不衰。

以喜馬拉雅瑜伽禪定法門中最古老的「呼吸覺知」為例，它正是藏傳大乘佛教禪定的基本功夫，也為中國和日本的禪宗所採用，至於內觀和其他南傳上座部佛教也不例外。它也是蘇菲密教所稱之為「Zikr」的功法，更是基督教靜坐傳承稱之為「靜止法」（hesychia）的靜心和心禱的功法。

前面說過，本傳承的教師秉承過去至少五十個世紀以來所累計的經驗和心得，足以引導任何宗教、文化、靜坐法門的學生。

若學生曾經跟隨其他法門練過靜坐，喜馬拉雅瑜伽傳承的老師會知道該如何將學生原本修練的法門融入此傳承的修練方法。教導靜坐的人最要緊的，就是不要給學生的心中製造衝突，要能夠將外表看似不同的兩種法門調和成為一種。

保持對呼吸的覺知

我說這些，和前面所引用的〈恰那吉雅箴言〉有什麼關聯？

喜馬拉雅禪定瑜伽傳承能夠對人格的所有構成面產生作用，也就是：

- 對人格內在構成面的身、心、靈、氣，以及它們彼此交互的作用。
- 對由許多人格組成的人倫關係，例如家庭、社會、國家和它們交互形成的或大或小的社會單位，以及它們之間的交互作用，例如政治和經濟。

靜坐禪定能改變人心對世界的看法以及應對世界的方式。例如，依照我們的傳承，初學靜坐之人有兩個必須要練會的是：

1. 保持對呼吸的覺知，以排除不穩定的心態和負面情緒。

2. 呼吸覺知的同時，保持某一個字或音聲於心念之流中，以排除散亂的念頭。

第一項要練會的「保持呼吸的覺知」，可以幫助人以更正面的心態來看待世界，看待自己的配偶、職場同仁，乃至於其他國家。要是能這麼做，就能引起別人的正面回應，因此婚姻生活或是談起生意來就更平順。久而久之，由於不斷地自我觀照的功夫純熟了，人就會有吸引力，別人待他也自然會更為友善、更為有利。

我們認為，這種態度可以幫助任何事業依照以下的原則，來制定自己的企業理念或是機構文化。用古代原始的術語來說，這些原則就是：

- **非暴力**（ahiṃsā）。
- **慈愛**（maitrī，南傳佛教則稱之為 metta），和善地對待所有眾生。具體原則為：

——**同悲**（karuṇā）：同情心，視他人的不幸有如自己的遭遇，並且以這個態度去協助他人。

——**同喜**（muditā）：歡喜見到別人的德行增長（例如培養出以正面的心態來取代負面心態）。

——**寬容**（upekṣā）：不在意別人的缺點和過失，因而鼓勵他們發掘自己的人品、能力、才華有何優點。

至於第二項要練的「在覺知呼吸的同時，保持某一個字語的念頭於心中」，能幫助我們集中心力，不只是針對手邊的事而已，對人生的一切狀態都適用。

持續練習呼吸覺知，再加上一定程序的放鬆法，就能把腦波狀態由「貝塔波」變成「阿爾法波」。集中於某個聲音則能讓人進入「賽塔波」。若人的腦波能夠以阿爾法波為主導狀態，就算是遇到了可能會引起暴力反應的情況，也會做出非暴力的回應。所謂的暴力反應，包括了言語和行為上的反應，乃至於最糟糕的心念反應。若有暴力的心念，做人的態度和行為就變得有惡意且工於算計，會讓家庭及工作單位中的和諧氣氛蕩然無存。在一家企業裡，哪怕只有百分之五的人能夠經常靜坐，就可以見到成員的潛力在三到六個月內有所提升。

讓腦波狀態進入賽塔波的修練法，能幫助單位內的成員把注意力清晰地集中於手邊的工作，以及提升員工的想像力、原創力。請試驗一下，任何企業，任何單位，只要有百分之五的成員能經常靜坐，三個月以內，整體的生產力就會提升。我稱這個道理為：不用競爭的成功法門。企業內有靜坐習慣的成員，他們的心理素質會有所進步，所以在與同事共處，在與人談判時，就不會有獨斷獨行、損人不利己、怨聲載道、負面心態等等的行為和情緒。

很多機構發現，工作人員在午間小睡二十分鐘，能有助於改善注意力和提高生產力。喜馬拉雅禪定瑜伽法門教我們另外兩個更有效的方法：

(1)有意識的睡眠，只需要三到十分鐘，甚至坐在辦公室的椅子上都可以做。

(2)經常停下來，做兩分鐘的呼吸覺知，這比(1)所花的時間更短。

我講個實際發生的經歷做為註腳。很多年前，我還住在美國，有一天辦公室的總機告訴我，有某某先生在電話上想要和我通話。我接起電話，來電的是多年前跟我學靜坐的學生。對方特地打電話來向我致謝。

我問：「是為了什麼事？」

他解釋說：「你知道我是州裡面某個行業工會的理事長，我們正打算要進行罷工。一個星期以來，氣氛沉重，對立和憤怒的情緒充斥。在那間瀰漫著香菸味的會議室裡，每個人的神經都繃得很緊。我及時記起了你在靜坐課程中給我們的忠告，就把學到的技巧給用上了。每當我們在談判時出現互不相讓的局面，我就用二到五分鐘默默地數自己的呼吸。每次做完，我總是能想出一些具有新意的提議。昨天終於通過了我的提案，我們得以避免罷工，否則整個州的居民都會受到不利的影響。所以我打這個電話來跟你道謝。」

所以說，安樂和幸福之本在於德，像是由靜坐而導致內心的寧靜就是這一種德。當我們明白到，這種德不僅僅是能進入超越塵世的神祕境界，它對於治道（artha）也能起到正面作用，而治道之本在於領導統御（rājya），我們對這個德的信念就會更為堅定。這一切都需要我們能夠導引感官的能量，導引感官的能量則又取決於我們是否能夠自制和自律。如果靜坐成為社會的風氣，在這樣的社會中，長者不只是在家庭中受到尊重，在社會上、在企業中同樣會受到尊重。智者的導師角色會受到重視，職工隊伍中的年輕成員會樂於接受年長者慈祥親切的指引。

靜坐可帶來經濟的成功

在此，容我從世界經濟史中取出一段做為佐證。在十七世紀末以前，世界上最發達的經濟體之一是印度。這就是為什麼，當歐洲與印度的貿易路線受到鄂圖曼帝國所阻擋，歐洲人會如此急於努力另闢一條路線繞道前往印度（因而導致發現美洲新大陸）。古羅馬帝國的著名參議員西塞羅，在問政時嘆息，僅僅為了羅馬婦女的衣裝，帝國每年就要消耗兩千萬個羅馬錢幣（彼時的價值如何則要去請教歷史經濟學者）向印度的紡織業者購買。十九個世紀過去了，到了十七世紀時，印度地區的繁榮不減，印度占了當時全世界生產總值的百分之二四．五，擁有世界上最強勢的貨幣。印度本地沒有銀礦，但是今日世界上的銀子有四分之一在印度，這都是印度千百年來跟世界各地貿易所賺來的。

經濟上的成功現象源自於印度的靜坐傳統，我們前面提到的人格特質是由此而來。此外，靜坐讓人更易於控制感官，更易於謙遜，因此也自然會在各方面都向長者和智者請益。我們今日見到弟子服侍心靈導師（也就是所謂的「上師」）的現象，只不過那種道統的一小部分罷了。這又要講到培養企業領袖之道。

家族集團是印度自古以來商業活動的推手。時至今日，大家族仍然以千百年傳統的方式來培養接班人。現代的家族企業雖然有了電腦，成員也具有人人嚮往的企管學歷，但是這些並沒有讓他們捨棄那些受過時光考驗的家族傳統。這些傳統，不僅包括了每天的靜坐禱告，更是一種師徒制度，學徒要住在所師從的企業主家中（即上師之家〔guru-kula〕），成為家族的一分子。他要抱持謙遜的態度，要處處展現自制，才能學習。慢慢地，他會擔起一小部分職務，然後職責會逐漸加重，最後可能會讓他負責某個既有的事業部門，或者給他若干資金，讓他去外面開創新的事業。在這種傳統中培養出來的人，一輩子都會尊敬師父。即使他的成就可能超越師父，但是一到了師父面前，他仍然謙恭如故。這是發自一種飲水思源的心態，他知道自己之所以能成功，不只是因為他學到了什麼高明的經營之道，更是因為得到了長者的祝福而感恩。

如果說，印度在獲得獨立之後，僅僅用了六十五年的光陰就行將恢復古時的經濟強國地位，那應該歸功於靜坐風氣之盛，由此而引入正面的心態，有了正確的人倫觀，如此的行為模式就能掃除挫折感和與人交流的焦慮感。（附帶一提，近年來，我也觀察到印度的傳統價值觀在許多公眾領域正在流失中，但同時卻在其他領域中得以保存。）

日本之所以成為經濟巨人，是因為能夠融合傳統和現代化。印度正朝著相同的路線前進。這就是所謂的亞洲奇蹟。

換句話說，我們不必劃地自限，不必僅僅根據科學界從實驗室裡得出來的研究報告，來證明靜坐禪定的功效。我們還可以從世界經濟史的觀點來檢驗靜坐的優點。不過要記住一點，世界在過去這兩個世紀受西方經濟體系主導的局面，只不過是歷史長河的一小段而已。將眼光放長遠來看，有靜坐風氣的社會才是卓有成效、成功的社會，而這裡所指的靜坐禪定，更正確地說，是一種淡定的心態所帶出來的倫常關係，它才是文明的基礎[3]。

亞洲社會對於西方的電腦、網路等科技能快速接受，同時也沒有揚棄自己傳統的價值觀。我們可以相信西方的商業界在未來的幾十年內將會面臨嚴峻的挑戰。如果亞洲能接收西方的電腦科技，西方最好能接收亞洲的靜坐。但是，如果只把靜坐當成一種每天花二十分鐘去練的功夫是不夠的，而是要用禪定所帶出的心態來釐定社會中、企業中人與人之間的互動關係。崛起中的亞洲既擁有西方最好的科技，又保有自己固有文化中最好的東西。西方的生存之道則在於能接納本文的觀點。希望西方能保有自己最好的東西，也能擇取東方的精華，以確保自己持續的繁榮，來反駁史賓格勒之類的西方沒落論。

總結上述：

- 安逸和幸福之本是德。
- 德之本在於治世之道。
- 治道之本在於領導統御。
- 領導統御之本在於以禪定深思熟慮的方式來駕馭感官。

這個方式是由人倫關係所產生，它也反過來成為人倫關係的支柱，而這種人倫關係的基礎是自律和謙遜自抑。

能尊敬恩師和長者之故，因而能抑制自大自慢，能由衷律己。

因為如此，才能得到實證知識。

因為有了知識，才會做人。

做人就在於能自律，就是自我管理，如果連一己都管理不了，連自己的心念都管不好，這樣的人要如何去治理天下？

真能做到自律的人，他的一切事業，一切他所追尋的，無論是物質的還是心靈的，都能夠毫不費力地有所成就。

靜坐禪定就是自我管理的學問和功夫。喜馬拉雅禪定瑜伽傳承，不只是單單教導打坐的技巧而已，它所要傳授的是如何將靜坐禪定的功夫運用於增益、美化自己的人格，從而在個人、社群、企業的生活中都能發揮實際的效益。

譯注

1　已收集在《夜行的鳥》一書中。

2　「禪那」一詞是譯音而來固然毫無疑問，但是否為百利文「jhāna」之傳譯，則不無斟酌餘地。

3　這似乎也是中國儒家所標榜的靜定功夫。《大學》說：「知止而後有定，定而後能靜，靜而後能安，安而後能慮，慮而後能得。」

第12課　領導人該有的智慧

讓自己的心頭沒有皺紋，
來到你面前的人，其心頭也就不生皺紋。

本文中所謂的「管理」，範圍非常廣，所有社會、經濟、政治的人倫關係，以及其間的交互作用都包括在內。現在逐項解析如後。

印度古代智慧認為「人生意義」（puruṣārtha）有四重，這四個面分別是：

1. **德行**（dharma）。
2. **資財**（artha），包括了政治、經濟、社會秩序。
3. **欲望**（kāma）。
4. **解脫**（mokṣa），最終極的解脫。

資財和欲望是夾在德行和解脫之間。

因此，資財和欲望的意義是在支持德行和解脫。

因此，管理層成員的一切經濟關係（例如薪資等等），一切社會關係（例如僱用、解職、管理層的等級制度、成員相互之間有何期望），都要以這個框架為基礎。

在這種人生意義的基礎上，我們來看看經濟關係是如何互動的。

一切「物質」（prakṛti），是老天為了要讓人類完成人生的意義，而送給人的禮物，是無法計價的。

如果你泛舟於清澄的湖面上，湖水可以飲用，請問一杯清水值多少錢？換了在沙漠中，最近的綠洲遠在幾百里以外，一杯清水又該值多少錢？

解渴的價格該是多少才合理，你能算得出來嗎？

此外，有個「無私行為」（niś-kāma karma）原則，就是行為完全以利他為出發點，而不是為了追求一己的私利。我們在後面會提到，這個原則在日常生活中並不是做不到的。它所著重的，是我們一切行為在互動關係上的心靈價值，而不是著重於行為的本身。

以下提出的幾點看法，是從人生意義的原則為出發點，這些原則應該應用於我們的一切互動關係之中。

例如，在市場買賣馬鈴薯的交易，要如何運用前述的無私行為原則？

從利他心理的觀點來看這個經濟關係，賣馬鈴薯的人是在為我們提供由他的勞力所生產出來的愛心禮物。這是無價的珍貴物。他把這份禮物提供給我們，因為我們需要它。我們無私地把金錢提供給他，因為他有需要。所以從精神上來講，這並不是用「這個數目」來交換「那個數目」。

這個道理在所有的機構團體中也同樣適用。工作同仁不是雇員。他們為我們提供服務，是因為我們的使命需要他們。我們在有限的範圍內滿足他們的需要，所以他們才能夠繼續為我們提供服務。他們在別處所領到的，可能會較多，也可能會較少。但是我們要試著在他們的需要和我們的負擔能力之間達到平衡。

這種就不是雇員和雇主的關係，而是種互愛的關係。

所有的領導們都需要培養這種態度，這是一條在經濟關係中淨化心靈的修行大道。

機構內的人倫關係

在這個心靈修行的大道上，機構內的人倫關係應該是：

- 權威不是來自於上。
- 權威不是來自於頭銜、職位，或是受指派執行什麼任務。
- 權威來自於下。
- 領導的權威是來自於他無私的服務奉獻、照顧眾人的心態、心靈修行的程度。是由於別人對他的敬意，才形成他對別人的威望。
- 從心靈修行的觀點來看，權威和職位本身並沒有什麼意義。領導該專注的，是服務和教化，並且在這麼做的時候，隨時隨地都要保持謙遜。所謂的權力、地位、頭銜，只不過是種方便，是為了符合某些形式要求才有的。
- 忠誠不是靠強求來的，它是由感召而來的。
- 唯有能自我克制的領導人，才能維繫管制威信。
- 唯有在能自律的領導人身邊，其他成員才會奉守紀律。

- 唯有在謙虛的領導人身邊，其他人的言行才會謙虛。
- 領導人要把工作上的情況和訊息，在安全的前提之下，知會所有的人。
- 領導人要把功勞榮譽歸屬於他人，而不為自己爭取功勞榮譽。
- 領導人要關愛他人，而不強求人家敬愛他。假若別人對你表示敬愛，該有所惶恐：

  「我何德何能，為何會對我有所尊敬？我無所作為。」
- 對上級和對同僚謙虛不算是謙虛。對不如你的人謙虛，而且能放下自我，才是真謙虛。
- 領導人若是位修行者，他的聲音是鎮定而溫和的，他的音調和字句都是經過慎選的，雖然立場堅定，但是言語是慈祥的。
- 最古老的言行準則《摩努法典》說：

  smita-pūrvābhi-bhāṣī syāt

  做人要學會在尚未張口說話前先露出笑容。

  在古典名著《羅摩衍那》（*Rāmāyaṇa*）書中，好幾次提到主人翁羅摩的特別之處就是他往往：

  smita-pūrvābhi-bhāṣī

- 我們應該要時常思量如何把這些原則付諸實行，做為自己修行的一部分。不同的領導人所實踐的方式不一定會相同，每個人都有自己要走的修行路。
- 父母事事都會為兒女著想，惦記著要如何讓兒女進步。同樣地，身為任何團體的領導人，也要處處為在團體中工作的幫手著想，如何能讓他們進步。
- 機構團體中的領導人不應該有這樣的想法：「我支付他工資」或「他付我工資」。領導人應該時時掛記心頭：「如何能讓他（她）在德行和資財兩方面都得到進展。」在「僱用」、「解職」、「糾正」對方時，內心都要秉持這樣的態度和關懷而為之。
- 只有在團體中各個所謂「受薪者」的心靈有進展，整個團體的進展才有保障。
- 要訓練自己根據「聖人CEO」（見下一篇文章）的方式與人溝通。那種溝通的方式是要先做到自我淨化和自我靜化。
- 在團體中，人際關係是長久的，我們應該要盡力維持，能有多長就多長，乃至延伸到好幾代人。
- 身為團體的領導人，不只要關心現在的幫手和受薪者，還要關心他們的下一代。因此要想到：他們的家庭幸福，以及幫手的子女的進展。

- 關係要能延續到下面的世代。這原本是亞洲舊社會的傳統，但是好像在大部分地區都已經失傳。
- 領導人在「糾正」下屬時，談吐和態度必須要顧及「有益」（hitam，對聽者有幫助）、「有節」（mitam，遣詞用字有節度）、「悅耳」（priyam，讓人容易聽得進去）的三個原則。這是領導人該有的修養，這種溝通方式就是種修行，同時也更容易能幫助下屬自我改進，在德行和資糧上得到進展。
- 領導人不只是在心中顧及下屬，而是要時時想辦法找資源去幫助下屬的家人和子女。
- 領導人能慈祥、自我觀察、自我節制，整個團體才會守紀律而不失控。
- 溝通不是在向下屬強調「我是這裡的老大」，而是「我們是一家人，大家一起前進，讓全家都有進展」。
- 每當我們在自我觀察時，覺察到自己近來在溝通中帶有炫耀「地位」的成分，就要改正自己的心靈，放低自己的傲慢。
- 領導者若是修行人，他的想法不會是「我所發放的工資能低到什麼程度」，而是「在我們團體的財力範圍內，最多能付到什麼程度的工資」。任何勞動都不是能用價格來計算的。勞動所代表的是價值。

- 對同樣的工作、同樣的能力所做的「給付」，不一定要相同，而是要因受者的需要以及付者的財力而有所不同。
- 所有工作人員提供的勞動都是無私的服務（seva）；所有的「給付」都是對團體成員無私的佈施（dāna）。在心靈的經濟學裡，這兩者是沒有對價關係的。
- 我們不「開除」任何人，但是可以在團體內改變他們的職務及其所服務的範圍。而需要對某人的職務做出調整時，一定要向對方確認自己對他的關愛仍然不變、彼此的關係不因職務形式改變而有所不同，也要用讓對方最體面的方式去調整。
- 若我們必須改變某人的職務，一定要非常真心地、親自地關心他未來的發展。若某人要離開這個團體，在他離去之前，一定要和他做個交談，建議他未來該如何繼續發展。一旦我們彼此間建立了關係，這關係就不會因為沒有了「工資」而終止；對方和這個團體之間仍然要維持著又深又長的心靈聯繫。
- 我們不能僅僅因為自己有權做決定而做出決定，並且要求別人遵守。部門領導人和家庭領導人不過是「為同儕先」（primus inter pares）而已。因此，他要做的工作是告知、廣泛地諮詢，然後讓「其他人」經由共識產生決策。

- 是修行人的領導者，才能夠謙虛地諮詢「資淺者」，聽取他們的意見。
- 是修行人的領導者，會徵詢不同意見，能認真考慮衡量不同觀點所提出的意見。
- 是修行人的領導者，不會強迫別人聽從自己的意見，他只是陳述看法和說明情況，然後讓全體做出一致的決定，所以大家都會認同這是自己的決定。
- 人生要學會一個原則是，凡是會被強行剝奪的，就先自行放手；在機構中，在修行道場中，這個原則同樣適用。
- 避免使用這樣的官式語言：「請將工作報告送交總部」或「把帳目給我看！」最好說：「請把你工作成果的資料和總部的同仁分享，我們需要用於……」之類的語句。你在家中不會要家人交報告給你，為什麼在其他團體中就偏要這麼做？
- 有一個絕佳的例子：我們學院還在草創階段時，我要求、建議（而不是「訂下規矩」）大家避免使用「切勿」、「禁止」之類的字樣。我們總務長的夫人親手栽種了學院中所有的一花一木，而她的先生就在各處的花圃中立下牌子，上面寫的不是「禁止攀折花木」而是「讓花兒綻開」。那正是實踐這裡所建議原則的一個漂亮例子。
- 談吐優雅的主人不會問客人：「你什麼時候離去？」會說：「我們有榮幸能繼續招待你到什麼時候？」之類的語句。

- 務必請仔細檢查有哪些「官話」的公務用語，可以換成合乎「友慈」原則的字語，讓人感到友善，如同兄弟姊妹的談吐。

只要你能善於自我觀察，用這些原則來訓練自己，你的心態模式自然會趨於祥和，不用人教，你在各個方面都會顯得從容優雅。

自我訓練的提示

以下有更多關於自我訓練的提示：

1. 觀察所有的事物，凡是會刺激的、會讓人不安的，就要避免。例如，文字溝通時，紅色不是好顏色（我連在校稿時都不用紅筆，而是用綠色筆）。
2. 要避免會讓別人、讓自己的額頭浮現皺紋的事。一旦觀察到人家的臉上開始展現皺紋，浮現了否定的神情，就要立即採取補救行動，改變自己的情緒和心態，從而改變你說話的腔調語氣、示意的方式和肢體語言，直到對方臉上的皺紋消失為止。
3. 記住，額頭上的皺紋是心頭皺紋的表徵，額頭上的線紋是過去情緒所刻下的痕跡。

4. 讓自己的心頭沒有皺紋，所以來到你面前的人，他們的心頭也就不會生起皺紋。

5. 常持頌「搜彌亞」（saumya，如月般和煦）咒語來安定你自己，從而安定他人。

saumyā saumya-tarāśeṣa-
saumyebhyas tv ati-sundarī
parāparāṇām paramā
tvam eva parameśvarī

彼佳人如月而實勝月，縱集合宇宙。
所有月之美，亦不可勝彼。
彼至上者，超越一切至上。
噢，唯獨汝乃至美者。

6. 斯瓦米馬杜穌達那（Madhusūdana Sarasvati），在他的《薄迦梵歌釋論》中寫道：

vaktur evāyam doṣo yad asyābhipraāyam śrotā na budhyati.

如果聽者不懂，錯在說者。

因此，不要說：「你誤會了我的意思。」要說：「對不起，我沒有把自己的想法正確地向你說清楚。」

7. 梵文中，有好幾個字的意義有「慈悲、同理心」的意涵，其中一個字是「anu-kampā」，字面意義是和別人「起共鳴」，同震顫、同振動。像是樂師在彈奏賽塔琴，主琴弦在振盪，共鳴的琴弦也會振盪、震顫。這就是具有同情心、同理心的傾聽和溝通的祕訣。

8. 若是在某種行政管理的情境中，你覺察到對方不認同你的立場，就要用諧振的原理，把對方的心放在你的心中，感受對方的立場。體會他的社會、文化、個人背景，是如何養成他的心理。在這樣的前提下，你先要顧到他所擔心的事，而不是去責怪他。然後你才解釋為什麼要採取某項措施。你的語調要平和而帶有關愛之情。

9. 能自我觀察的修行人就會注意到，無論在與人交談或討論時，即使對方的心中、情緒、腔調、面孔、肢體語言，非常輕微地皺了起來，我們會受到感染，也會開始起了同樣皺紋，從而採用同樣的腔調和反應。這在現代的神經學來說，是一種「鏡像神經元」（mirror neurons）的行為。一個人笑，別人跟著笑。一個人打呵欠，別人也跟著打呵欠。

我自己在這個方面試驗的結果，是和科學研究相吻合的。例如下面引用《美國科學：心理》雜誌（*Scientific American: Mind*）二〇一二年七／八月刊，七二頁，題為〈請教有腦子的人〉的專欄。

蒙冒斯大學（Monmouth University）心理系的副教授柳萬杜斯基（Lewandoski）回答一個問題：「心情不好會傳染嗎？」他作答的大意如下：

科學家稱這種現象為情緒傳染，把心情傳給另一個人會經歷三個階段。

- 第一階段是無意識的模仿，此時每個人會隱約地抄襲彼此的非語言信息，包括身體姿勢、臉部表情和動作。好像你看見我皺眉，就會更容易讓你也開始皺眉。
- 個人此時可能會體驗到一個反饋階段，因為你皺眉，你開始覺得不樂。
- 在感染的最後階段，彼此之間會開始有了同樣的體驗，他們的情緒和行為變得同步化。
- 因此，假如你和一位處於低潮的同事相處，可能會在不知不覺中吸收到那位同事的非語言信息，然後開始形成不樂的心情。
- 但是這種模仿不見得都是不好的，你也有可能從朋友和同事那兒感染到好心情，這有助於加強相互的結合力。

根據我自己的試驗，模仿和同理心是有很大的差別。我的感情和情緒是由自己做主的，不是一種鏡像神經元的行為，只要有點靜坐功夫的人都可以做得到。千百年以來，古人早就明白這個道理，只不過在最近一、兩百年中，被我們錯誤的「發展」、「進步」、「成功」等等觀念，給遺忘了。

我引用現代科學報導只是為了說服某些人，否則他們不肯接受古代的智慧。這也是為什麼我要在印度的學院裡建立一間科學實驗室的道理。

我們都在追求

自主（svātantrya）

「svātantrya」這個梵文字在英文中沒有一個準確對等的字，它的意義只可以大致翻譯成：「由自己『真我』（ātman，有別於來自後天心理慣性，也不是對於外界因素所做的反應，或來自外界因素的反應）的理則和呼聲，所形成的自由意志和良知。」這是自由最真實的意義。

這才是真正的自主，真做得了主，不隨外在環境起舞，不受別人反應而起反應。

我們不要被動回應，要主動的作為。因此，一旦我們的內心開始受到別人的情緒狀態感染，就要潛入自己內在那股平逸寧靜的泉源深處，從而改變自己交談和討論的語調。對方在鏡像神經元行為的影響下，就會反映出我們的心念狀態，從而彼此變得平靜，而不是矛盾對立。因為這樣，我們可以與別人和諧地達成共識，把平和散播出去。

10. 先解決別人對你的不滿之處，問題就已經解決了一半。然後運用下面第11點的原則，解決你對那人的不滿之處，就自然解決另外一半的問題。

11. 遇到任何爭端，先在自己的心中，朝著和你的觀點相反而贊成對方觀點的方向去設想。在開會時，向同事和出席人士，把這些如同磁石上兩個極端的立場都說出來，也就是要說出你為什麼贊成對方的觀點，以及你自己的觀點。然後調和兩個觀點，取兩者中最好的部分做出一個和諧的結論。容我在此引用一段自己的文章（出自〈千禧年中的永恆〉（Perennial in the Millennium））：

所有事實都包含許多不同的面向，反對者、不同意見者都可以學會融合這些面向。只要每個人能夠學會站在對方的立場，找到贊同對方而反對自己的理由。

12. 不要光質疑或否定某種觀點、立場、行為、決策，一定要提出一個建設性的替代方案。而替代方案也要採納你所不同意方案中的某些正確觀點。

13. 對事不對人。心中不要對任何人有所不快。一旦事情辦完了（例如與人面談或是糾正某人），就用幾次呼吸把心放到「空檔」，記得那個人好的一面，心中只讓好的印象留下。然後才做下一件事，不論是處理關於那人的事項，還是處理其他待辦事項。

14. 記住，你不是在從事管理，是在從事修行。為的是自我靜化、自我淨化，最後做到自我完善。「管理」的行為是心靈修行道途上的階梯，它是你的自我試煉。

15. 切記，心靈導師絕不會和某人斷絕「內在的聯繫」。縱然某人已經斷絕了外在的聯繫，內心上也要維持和他的聯繫。所謂「內在的聯繫」，是在「上師心域」中，非常耐心地等著那人準備好了再度前進，即使要等到下一世也不作罷。

16. 這裡有段婉轉的話值得慢慢參詳。有位大修行人遭受了多年的不白冤獄，被釋放出來之後，人家問他在獄中的情形，他說：「有好幾次我真的非常危險。那種危險是我幾乎要對逮捕我的人和虐待我的人產生恨意。」

我們能否驅策自己養成這種自我觀察，以培養深化普世的慈悲、友善原理？

這裡所建議的不是對立的哲學，那只會在家庭和團體中引起矛盾，只會在國與國間引起戰爭衝突。一切都是一，都是一樣的，這是種歸於一的哲學。

我不認同孫子哲學，老子哲學才是我所認同的。

我們要經常耐下心來，向團體中的所有成員宣導我們這個團體運作的理念。因為能做這樣的溝通，大家能認同這些理念，那些從外面世界帶來的思維習慣，才能夠慢慢改變。

儘管這些理念在現代的政府單位或是企業機構裡不一定能全部適用，但是它：

- 絕對能做為個人修養的準則。
- 絕對能適用於修行人所共處的心靈團體中，在這裡每一口呼吸、每一句話都是一分修行。在外面世界所習以為常的道理、所累積的經驗，在這團體中反而不適用。

第13課　聖人CEO

不久前，我給幾位好朋友寫了信，建議他們考慮為我們這個心靈團體的主管工作人員舉辦一個屬於必修項目的研習班。我可以來教：

1. 如何書寫「商業」信件，讓收信的人覺得信是發自一位真正關心他的領導，而不是由哪個辦公室發出來的。
2. 其他類似的題目。即使收信人與你素昧生平，或即使是要回絕什麼事情，信件還是能夠讓人感受到發信人那股由衷的關切之情。

近來讀到《時代雜誌》有篇文章，述說法國人的脾性是永遠喜歡談玄說理。文章開頭用幽默的筆調說，某法國企業內部有位老練的規畫人員寫了一篇營運方案呈給總裁看。總裁讀完之後的意見是：「這看來還算切實可行，但是它的理論通不通？」

我這些好朋友，他們規畫起生意來都很有一套，但是我要提醒他們：「你的方案非常講實際，但是它是否合乎理念？」

我有意開班授課的題目也延伸到日常的溝通能力上面。

在我們這個心靈團體裡，有幾位（只是少數的幾位）雖然是非常賣力的營運高手和領導人員，可是在與人口頭或書面溝通時，還是不夠和煦可親。

當你在與人口頭溝通的時候，你是否能夠記住：

- 不帶暴虐
- 慈祥
- 關愛
- 謙遜
- 和煦可親

你聲音的語氣如何？有流露出謙遜嗎？是在建議和請求，還是在指示和命令？

切莫低估音調和語氣的力量。

請聽本文作者就「禪定者的聲調語氣」所開課程的錄音紀錄[1]。

舉個例子，據說在俄國機場的塔臺內裝有聲音監聽儀器，若飛行員的聲音顯示出他的緊張和壓力程度已經臨近超標狀態，就會被認定不適於駕機，從而被要求休息停飛一段時間。

根據近期的發現，醫師可以經由偵測電話中的聲音，來研判打電話的人有無早期帕金森氏症的癥候。通常這種疾病的診斷是由觀察身體的動作而得出，而聲音正是由聲帶的動作所產生的。

在與人溝通時，對方是否有抗拒心態，是否感到不悅？若是，就表示你的語氣不夠謙遜和煦。你要成為一個有效之人，就要做到講話（或者寫信，做企畫方案）時的腔調和舉止，讓人無從對你說「不」。

言行記

下手之處就是每晚寫日記，「言行記」（梵文叫作「kṛtaṁ smara」，出自《夜柔吠陀》），包括反省一天中做了什麼事，和誰談過話，寫了什麼給誰？今天在做這些溝通時，有沒有反映出：

- 不帶暴虐
- 慈祥

- 關愛
- 謙遜
- 和煦可親

你得到的是什麼樣的回應？

某人想來我們的學院住上幾日，你告訴他學院已經沒有空房可以提供，你會讓對方產生什麼樣的情緒？那個人有沒有不快？排拒？情緒變差？離去時覺得被傷到感情？如果有，就表示你沒有用到有效的溝通方式，也就是沒有做到：

- 不帶暴虐
- 慈祥
- 關愛
- 謙遜
- 和煦可親

如果發生這樣的情形，你也不必自責，在日記的下一段寫：你應該使用什麼樣更好的語調？什麼樣的肢體語言？什麼樣的表情？不對，不對，不對！應該是：在做溝通之前，你自己該先有什麼樣的情緒基調？而那情緒基調所反映的，是否：

- 不帶暴虐
- 慈祥
- 關愛
- 謙遜
- 和煦可親

然後你寫下來，下一次與人溝通，或者做任何形式的交流之前，要先讓自己生起哪一種情緒基調？

每隔一段時間就重新翻讀這些言行記，重溫自己發過什麼心，再度發心。

如果可以用委婉的方式去說的話，就不要直講。運用哲理和詩意以達到委婉。以委婉來融合歧見。當對立融合了，圓圈上的起點就變成了終點，這就是委婉圓融言語的效果。就某些民族而言，這是應對的基本規範，為的是避免產生衝突，不要造成對立。

使用「不」、「不可以」之類的字眼，是違反心靈之道的。與其說：「我不會允許這件事」、「我不會做」，你可以委婉地說：「假如這有可能成事的話，我當然樂於去做，但是在目前的情況下，這種可能性看來好像十分遙遠。」諸如此類的說法。

在說話、書寫、教學時，要在心中牢記溝通之道的三個原則：

1. **有益於人**（hitam）：只說有益於人的話；說話的方式要有益於人；而有益於人，是有益於聽者，有益於你的目的，也有益於我們的團體。

2. **恰當有度**（mitam）：情緒的張度要恰當；聲音的語調要恰當；使用的字眼、字數要恰當。

3. **悅人悅己**（priyam）：要和氣，所以能給你自己，也給聽的人，帶來好心情。

我由衷希望在我們這個心靈團體裡，能有這種類型的「聖人CEO」。如此才能讓我們上師留下來的傳承事業走到下一個世紀。否則，恐怕一旦我走了，成員之間就會起爭端。

人與人間之所以會有爭端，通常不是因為理念不同而起，最常見的是因為彼此溝通時所使用的方式和語氣而起。

常人慣於依世俗的方式來：

行動，

溝通，

書寫。

他們以為這是「正常」，因為他們沒有機會接觸到其他的模式。

因為我成長的環境和現代文明大不相同，所以我希望能呈現的另外一種模式，不是來自火星，而是來自金星[2]。

也許「聖人 CEO」，也可以說是「來自金星的 CEO」？

注釋

1 二〇一一年十二月和二〇一二年三月於瑞希克希城斯瓦米拉瑪學院講授，請向學院內的喜馬拉雅瑜伽出版信託 Himalayan Yoga Publication Trust 洽詢，www.yogapublications.org

2 譯注：西方傳統認為火星代表男性，金星代表女性。此地暗喻是，希望 CEO 能展現出女性委婉體貼的心態和辦事手法。

第14課　做好工作溝通的原則

意見不同時要客氣。

先把不悅耳的變成悅耳的，然後才開始溝通。

把尖銳的稜角磨圓，把僵硬的字眼變婉轉，把聲音加上語調。

關愛要凸顯，鋒芒要收斂。

招徠「同意」的回應。

讓人家「覺得」是他們在主導，你只不過是提出建議；能這麼做，你自然能輕易地被人推崇為好的領導。

領導不是要人家盲從；統御不是靠發號施令。

威望不是從權力而來，是讓人不覺得你有動用到權力。

manaḥ-prasādaḥ saumyatvaṁ　maunam ātma-vi-ni-grahaḥ bhāva-saṁ-śuddhir ity etat tapo mānasam ucyate

心地清明愉悅、態度和煦、靜默、自律、淨化自心，是所謂心的苦行。

——《薄伽梵歌》（XVII.16）

上面這段話以及《瑜伽經》第一篇第三十三經，我們在過去已經詳細講解過[1]，此處不再重複。

以上這些就是我們處理公務的哲學基礎所在。

我們在美國明尼蘇達州的禪修中心，創辦至今已經超過四十年，這段期間從來沒有開除過任何人。但是我們會做職務調整，而在調整以前要先充分考量這個調整是否：有助於當事人的心靈進步、對團體有利。這和印度學院所採用的是同一套公務哲學。

請你檢查一下，你寫的電子郵件和其他往來書信中，有多少段話的起頭第一個字是「我」。把這個「我」出現的次數降低。

避免使用命令式的語氣，像是：「用這個方式去辦」。寧可說：「我們不妨用這個方式去辦」、「假如我們採用這個方式是否比較好，從你的觀點來看會有什麼不妥之處？」諸如此類的表達方式。

要避免的表達方式，像是：「這根本行不通」。寧可說：「經過考量某某因素（如果不需要保密的話，把原委說出來），我們最好還是採用那個方式。」

避免會引起情緒反應的指責，例如：「你為什麼不能準時做完？」寧可說：「我在想是不是因為遇到某些困難，所以你沒辦法準時做完？你要知道，沒有做完的話，會造成這樣或那樣的損失和不便。」

在我們的公務用語中，「不、拒絕、不准、否決、質疑、解僱、開除、我的看法、我的立場」等等字眼，都不能使用。這些字眼在筆者書寫的信件裡，絕對不容許出現；在筆者所主導的討論中，也絕不會使用到它們。

給你一項功課：上面這一段話有所不足，需要改寫才能符合我們所採用的哲學。

請指出這段話所缺少的是什麼。

請依我們建議的哲學改寫句子。

練習把這些哲學和心態，應用到平日與人交談，或者書寫的每一個句子之中。

譯注

1　《瑜伽經》第一篇第三十三經：「對在樂境之人要以慈觀、對在苦境之人以悲觀、對有德之人以喜觀、對無德之人以捨觀，能培養如是之情操，心地將能清明而愉悅。」

第15課　有話就要直說？

時時記住——
我們用什麼來澆灌宇宙，宇宙就用什麼來回敬我們。

發射飛彈，先發制人？

自古以來，所有講心性學問的大師都一再諄諄告誡世人，要克制自己的基本情緒，努力完善自己的修養，以達到聖境為目標。

可是現代西方世界人心的思潮主流卻反其道而行，這情形在美國尤其明顯。他們主張人類天生的缺點是正當的，不需要修養精純。如此一來，就逆阻了人性的進化。他們教人使用的語言，例如：「我天生就是這種個性；你必須接受這樣的我。」言下之意是：「我不會去改善我自己的，我覺得沒有那個必要。」在這種思潮影響之下，動氣和尖銳的語言都被正當化，所鼓勵的是對立抗爭的行為，而不是共識。

時下有一個流行的字眼是「坦誠溝通」，就是有話直說。論者以為這樣可以避免自己受傷害，但是傷害別人則在所不惜。他們叫人要嚴厲地與對方四目相接，大聲地說：「不！」我出身於說「是」的教養環境，也就是因襲《老子》和《奧義書》的教導：「夫唯不爭，故天下莫能與之爭。」「不防守乃最佳防守之道。」這就是為什麼很少有人會對我說「不」的原因。

一言不合就拔槍，就派陸戰隊搶灘登陸——啊，那已經過時了——現代的作法是立即發射巡弋飛彈。這種態度完全不符合任何心靈理想。

理想的溝通態度是要顧及他人，跟搞對立抗爭的主張是完全相反的。顧及他人的溝通方式，是既給人家留面子，同時讓對方了解自己的觀點。所幸即使在今日，很多民族的傳統文化還是保留了這種態度。我舉一個例子，是我在亞洲某地遇到的。

在某個酒店辦理退房時，櫃檯經理是來自亞洲另一個國家的人，我問她：「我過幾天還會回來入住你們的酒店。請問我可以等到下次入住退房時一次付清費用，還是現在就得把這一次的費用先結清？」

她的回答：「是的，現在結清或者等您下次回來再付都可以，看您怎麼方便。至於我們的話，如果把兩次的費用分開來結，會比較容易處理。」

我成長的環境是屬於「顧及他人感情」型的溝通文化，不是所謂「坦誠溝通」型的，我當然聽出來她希望我現在結清，所以我就照辦了。

在亞洲和非洲的社會中（印度教徒、佛教徒及回教徒），常常聽到這樣的對話：

「今天沒有蔬菜可賣了嗎？」

回答：「是的。」

請注意，回答不是「沒有了」。

或者，

「這次的會議可以在府上舉行嗎？」

回答：「內人出門去了，但是我很樂意在家中為各位安排開會。」

如果你是在「顧及他人感情」型的環境中長大的，就能了解對方其實因為妻子不在，希望這次能夠不去他家聚會。你等到第二天才致電對方：「謝謝您慷慨提供府上借我們開會之用，您每次都是這麼慷慨。這一次，我們剛好有另一位會員要求我們給他一次機會。還希望您不要介意我們接受另一位的提議。」

如此，大家的尊嚴都顧到了。但是，要切實做到的話，就需要謙遜，要能夠聽出別人的言外之意。瑜伽大師訓練弟子，是要提升弟子「聽話的功夫」，能覺察出別人更細微的心意。

這種溝通只有在信服非暴力理念的社會才行得通，但是還要看他們願意實踐到什麼程度。要用這種方式溝通，就必須要從內心由衷地顧及他人的感情。

說到不同的文化，有兩個例子。我非常欣賞泰國人的文化，他們視「動怒」為極不合乎禮數的行為。在日本人的文化中，人人都習慣性地一再道歉不已。

當今世界上，在國與國之間、宗教團體之間、族群之間，都充斥著對立的氣氛，一部分原因是受到所謂「坦誠溝通」的影響。外交斡旋之所以會失敗的主要原因，是不了解很多國家的社會文化還是屬於「顧及他人感情」型的。在那些講蠻幹又自大的社會文化中長大的人，不會明白他們表現出來的舉止在另一群人的觀感中，會被認為是種失敬、不顧及對方顏面的行為。會被視為是在故意詆毀對方，以為「咆哮發號施令」可以達到目的。我不是單指某一個國家，這種現象在許多其他國家和族群中都有（我尤其感到失落的是，連在印度也越來越常出現）。這種現象在某些國家表現得特別明顯，是因為他們喜歡炫耀實力到了失控的狀態。

我們時時要記住：「你用什麼來澆灌宇宙，宇宙就會用什麼來回敬你。」我們反對核子武器，可是卻用對抗的念頭和語言，來澆灌這個星球的集體心靈。我們有意識地把宇宙視為對立方，而不是把自己當作要和它相互依存的伙伴。

不要對立。

我常勸人的一句話是：「如果你對某人有意見，先平息某人對你的意見。」

不要去爭取權利；要無私地以愛心去履行你的義務。

很多人的習慣是：原本沒有衝突，他們認為有衝突；不可能起衝突，他們偏要認為有可能發生。

可是，大度大量之人精於「化解」（samādadāti sajjanāḥ），對衝突中的各方完全保持中立，不讓自己的情緒偏向任何一方，然後致力找出衝突中各方有什麼共通的立場，無論那個共通的立場是多麼微不足道都行。再以這個為起點，在跟每一方溝通時，讓所有人都感受到你對他們關心的程度都一樣，感受到你無私的關愛和包容。

顧及他人顏面的溝通方式，是一門非常細緻的藝術，它植根於深奧的心靈哲學中，不是一天就能夠學會的。它的下手處何在？不在講溝通理論的教科書裡面。它不屬於溝通理論，而是屬於非暴力的理念。也就是不要動怒，不要傷人。要謙遜，要樂於找到每一個能讓自己顯得渺小的機會。

我要呼籲走在心靈修行之道上的每一位：「學習顧及他人，實踐非暴力的理念。」我求求你。

每當你們之中任何一人傷害到任何另一人時，神明都在痛心！

他們哪裡知道他們所傷害到的是我，因為他們所傷害的每一個人內在都有我。

——奎師那

希望你能夠發下大願，願自己是神所創造世間中那個最渺小、最卑微的，因而得以分享祂的莊嚴顯赫。

就怕你的願力不夠大！

第16課　心靈進步的跡象

多年以前，我在印度的學院中開過一門課叫作「心靈進步的跡象」[1]。這裡算是增補篇。

心靈進步之後可能會出現的跡象是：

- 平日生活中的問題變少了。
- 就算有問題，也不會在心中造成「抑鬱」（viśāda）和「苦惱」（kśobha）。因而，自心能保持清澄、寧靜。解決問題之道油然而生，為你顯示達成目標的捷徑。

如果你正遇到無法解決的難題，就先找出你的心靈在哪個方面還有待改進。

我們傳承的修行還必須遵守一個非常重要的事項，就是要絕對尊重婦女。在這些方面，我們的瑜伽傳承和宗教氣息濃厚的印度教，以及對此有禁忌的其他宗教，是大不相同的。

根據印度傳統中最古老的行為準則《摩努法典》，女性的身體和生命的任何一個部分，不分任何時候，都是純潔神聖的。

在傳承中，特殊咒語的「修咒」一定要在特定的時候才能做，但有一條例外是：

mumukṣūṇām sadā kālaḥ
strīṇām kālaś ca sarvadā

心求解脫（mokṣa）之人以及婦女，則無時間限制；
這兩種人可以於任何時間為之。

據信，婦女所做的祈禱更容易上達天聽。婦女被視為「聖母昆達里尼神力」（Mother Kuṇḍalinī-śakti）的轉世。我們所追隨的是屬於「右手密宗法脈」，尊敬婦女是最重要的一條規矩。每一年在「聖母日」那天，我必須親自彎腰為九位稚齡的女童洗腳，並且以頭額碰觸她們的雙腳，向她們頂禮，因為她們是「聖母神力」的象徵。

依照密教的規矩，男士在任何女性面前，必須保持儀容端莊，穿戴整齊，注意禮節。而且，男士若是走過一群站在一旁的婦女，或是在交談中的婦女，他走過的時候必須在心中默默向她們致敬。

印度史詩《羅摩衍那》中有一段：

羅摩（Rāma）差遣他的弟弟拉克希曼那（Lakṣmaṇa）到蘇貴瓦（Sugrīva）所住的洞宮去，把在睡夢中的蘇貴瓦喚醒，叫他不要怠忽職守。拉克希曼那來到洞宮的入口，蘇貴瓦接到通報，怒氣沖沖的拉克希曼那正在洞口等著見他。蘇貴瓦要他的妻子塔拉（Tārā）出去迎接拉克希曼那，等他平靜下來了，蘇貴瓦才出來迎接。「塔拉，妳去，因為——

na hi strīśu mahātmānaḥ kvacit kurvanto dāruṇam

高貴之人在婦女面前是兇不起來的。」

我們傳承所建立的是一個陰柔的機構，我們必須：啟發所有的男孩和男士遵守以上的信條，要以母性的性格來解決管理上的問題。大家必須：不是做為管理者，而是做為母親。那麼身為被尊崇對象的女性該如何自處？這就要由「昆達里尼神力」轉世的各位來思索和實行。男性哪配教她們該怎麼辦！

在一個以心靈為導向的經濟體系裡，在一個以心靈為導向的家庭團體裡，遇到像是上班時間之類的問題，就必須以女性的性格和需要做為優先考慮因素。

本文筆者有時候會被一些女士稱為「我們長鬍子的母親」，這是讓我覺得最中聽的讚譽之詞。

在我們傳承的團體中，我不要你視我為管理者，我只希望你視我為母親。

注釋

1　已經收錄成光碟：Signs of Spiritual Progress，請跟學院的出版單位洽詢。

第17課　如何兼得魚與熊掌

不妨兩者兼收，
讓你成為兼備兩極的磁石。

一言以蔽之，就是印度諺語所說的：要「兩手都拿著糖！」（*dono haathon me laddoo*）

本文標題所宣示的，不僅有周全的哲學理論基礎，更是具體可行的。

要知道：天地之間不存在相互衝突或矛盾的力道。一切都是相輔相成的。量子物理也證實了這個道理，例如：光，既能夠以粒子狀態呈現，也以波狀態呈現；一個原子顆粒可以同時出現在兩個地方。

只有相續，只有互補的力是存在的。

我經常作弄我的聽眾。上課中途，我隨口問：「現在幾點鐘？」座中人好心告訴我時間。

我請他用同樣的問題來問我，他問：「現在幾點鐘？」我反問：「你問的是哪個地方的時間？」

現在是白天還是晚上？答案：兩者皆是。亞洲現在是白天，美洲現在則是夜晚，反之亦然。

哲學家是這整個星球的公民，他不能偏向任何一個半球（不論是地球的哪一半還是大腦的哪一半）。

能如此，你就能兩者兼收。

從前，我有問題請教上師，例如：「老師，這件事究竟應該如此這般處理好，還是如此那般處理好？」他就望著我，用發自心底那深沉的音調，拉長「是——的」回答我。他的回答經常是如此而已。

而我就必須深深沉思，化解兩個看來彼此矛盾的抉擇，最後得出一個能夠兼容兩個抉擇各自優點的方案。

能如此，你就能兩者兼收。

真正的瑜伽大師（不是所有自稱為大師的人都是真正的大師），會經常用現實生活中兩難的局面給弟子出難題。弟子必須從中磨練心性，練出整合矛盾的手法，達到「等持」（sam-ādhāna），調和看似相互衝突的因素和部分，因而見到整體的實相。我在其地方寫過一個句子：

May your questions not be answered; may they be resolved.

願你的問題得到的不是解答，而是得到化解。

也就是說：

- 你要在負面因素中找出所隱藏的正面因素。
- 心的慣性是製造對立，我們要學習化解衝突，擺脫慣性。
- 習慣成自然，次次走上老路，這就是「設定」。要解除內心所受到的這些「設定」，才能養成新的、正面積極的觀點。讓人際關係重新出發，採取不同的溝通方式，乃至領悟到不同的哲理境界。
- 吠檀多哲學所謂的「設定」（upadhis），是我們沉陷於「幻境」（māyā）所產生的，所以要把我們的心和意識從這些設定解放出來。

這不過是古代智者所建立的許多解脫法門的一小部分而已。不論是《吠陀》中的謎語，還是卡比爾（**Kabir**）寫的《烏拉邦思詩集》（*ulat-baansiyaan*），這些都是屬於解脫法門的一部分。同樣屬於解脫法門的，還有中國禪宗（尤其是曹洞宗和臨濟宗）留下來的許多公案。公案的功用，是把參禪的人逼出老套的思維方式，打破二分法的心念習慣。例如，有個眾人熟知公案是：

單手擊掌是什麼聲音？

師父不許參禪徒弟去研究前人留下來的答案，逼著他走入思維的絕境，在絕境中去尋找答案。

簡單地說，這種法門的道理是，對立的二者之間還有第三條出路的可能，類似於黑格爾的正反合辯證法。

假如你無法同時投資兩家你看上的公司，該如何決定？不妨找找看是否另有一家公司兼具這兩家公司的優點，然後去投資那家公司。當然，真實情況不見得這麼簡單。我的學生當中，有些是企業的負責人，他們就採用這種方式去做出成功的商業決策。

多年以前，我住在南美的英屬蓋亞納，因為開始學習美式英文而經常閱讀《讀者文摘》雜誌。記得當時讀過一則軼事，是根據世人對不同民族性格的偏見而編出來的。故事大意是：

一個女人和兩個男人困在海中孤島上，會發生何事？答案是，假如他們是西班牙人，女子會殺掉其中一名男子，然後和另一人結婚。如果他們是義大利人，其中一名男子會殺掉另一名男子，然後跟女子結婚。如果他們是法國人，就什麼問題也沒有。如果他們是英國人，他們彼此都不認識，因為還沒有被人正式介紹過！

我以為，寫這則軼事的作者沒有問過，假如他們是印度人的話會如何？答案是，那名女子會和其中一名男子結義，互認為兄妹，然後由哥哥把她嫁給另一名男子。所以她能同時從兩個人那兒得到不同的愛。

這就是魚與熊掌可以兼得的辦法。

兩手都拿著糖。

第18課 如何在生活中實踐

本書所建議的種種原則該怎麼實踐？

1.要保持每天靜坐的習慣。這能帶給你更深刻的洞察力，讓你能夠驗證這裡所寫的都是實情。

2.在任何情況之下，都要保持額頭放鬆，哪怕是面臨火災或怒氣沖天之人亦然。

3.每二至三個小時，就靜默二、三分鐘，覺知自己的呼吸，心中默念自己的咒語（若是身在冗長的會議中，不方便閉眼的話，睜開眼睛也行），無論坐著、站著，乃至其他姿勢都行。有恆心地做下去，你的氣質就會不同。

4.自我觀察。每次偏離了本文所建議的原則，當下就要能觀察到、覺知到（我說話的語氣，我所寫的字眼，是否可以不必這麼嚴厲？我是否忘記了不要動怒、要謙遜的道理？我是否在炫耀自己的權力？）

5.決心願力。決心下次要做得更好。不要有罪惡感，不要自責，不要自暴自棄。只要再下決心即可。

6. 選一個(1)你覺得自己最容易做到的原則，以及(2)你覺得最不容易做到、完全和自己的習慣和性情相反的原則。開始去實踐這兩者。

7. 以你自己創造的方式去實踐這些原則。

8. 每成功一次，就在心中記下來。把那成功的片刻留在記憶裡，讓它們成為未來激勵自己的動力。你會見到成功能帶來的好處。

9. 不要讓這些成功助長自己的驕氣（瞧，我進步多迅速！我比較高尚！噢，看我是多麼地謙虛！）它們唯一的功用，是激勵你在將來繼續實踐這些原則。

10. 一旦你的某些性格因為實踐你所選擇的原則而有了改變，再挑另一條原則去實踐，這會變得越來越容易。

所有的修行都可以用這些方式去做。

Svasti[1] *panthām anu-carema*

祝你登上吉祥之途。——《吠陀經》

注釋

1 Svasti（吉祥）這個字是「su」（美麗、和諧）加上「asti」（是）結合而成。

第19課　恕日與默日

印度有許多本土的宗教，其中最著名的三種是：吠陀傳承（印度教）、佛教、耆那教。在這其中，耆那教是將非暴力理念推行到生活每一個層面最嚴格的教派，是最虔誠、最講求苦行的，其出家人在今天仍然是過著苦行生活的大師。從無史可考的時代，到大約在釋迦牟尼的年代之間，耆那教已經相繼傳了二十四位被尊稱為「造津者」（tīrthakaras）的祖師，奠定了整個教派的基礎。

在古時，上面這三個宗教的出家人平日都四處漂泊，只有在雨季來臨的四個月期間才定居在某地，稱為「結夏安居」（cāturmāsya，字面意義是「四個月」）。這段期間是他們用來沉思默想、打坐禪定、深入學習經論或是修法的時間。他們也在這段期間收受新的弟子。

耆那教的在家信徒於結夏安居期間開始之時，會特別虔誠地慶祝，這就是為期八日的「齋節」（paryuṣaṇa，字面意義即是「斷食」）。在齋節中，他們不進食，所有活動限於讀經文、唱誦、聽出家人說法等等。

到了第九日是「恕日」（Kṣamapana 或 Kṣamavani，還有其他印度語言的稱呼法），就是印度曆法第六個月（Bhādrapada，約跨過西曆的八、九月）新月初起的第四日。在這一天，每個人都要給予寬恕、祈求寬恕。當然也要放下一切對別人的譴責和意見，也要放下一切惱怒。

梵文「kṣamā」（寬恕）是由動詞字根「kṣam」而來，字根的意思是「有容」。這就需要有本事忍受和化解一切攻詰。在《吠陀經》中，大地有二十一個名字，「kṣamā」是其中之一。意謂著能寬恕之人，就像大地一樣能負載一切，能容忍別人的踐踏和挖掘。

有句梵文的諺語說：

kṣamā vīrasya bhūṣaṇam

寬恕乃勇者之配飾。

寬恕的理念在人類文化中比比皆是，舉幾個例子：

- 在印度傳統的「好麗節」（Holi），大家要寬恕一年中所有遭受到的惡行和凌霸。
- 泰國文化中，孩子從小就學到發脾氣是不禮貌的行為，成人在日常生活和與人相處時也要遵守這個規矩。

- 我實地訪問非洲，了解到當地傳統宗教在挑選和訓練新的領導時，特別注重的品德是能控制憤怒的情緒。

世界上還有很多文化的例證，都是我們學習的對象。

耆那教的恕日

在耆那教的「恕日」（Kṣamavani）那天，要以「俗語」（Prākṛta，是梵文的姊妹語）來誦唸《恕經》：

khāmemi savve jīvā savve jīvā khamantu me.
mittī me savvabhūesu veraṁ majjhaṁ na keṇa i

我寬恕所有眾生，願所有眾生亦寬恕我，
我與一切為友，不與一切為敵。

evamahaṁ āloiyaṁ nindiyaṁ grahiyaṁ duguṇchiyaṁ sammaṁ tiviheṇaṁ padikkanto vandāmi jiṇaṁ cauvvśsaṁ

因此，我誠摯反省、羞愧、自責、憎惡（自己的過錯）

我（為身、語、意）行三謝罪，頂禮二十四「津納」（耆那祖師）。

我們國際喜馬拉雅瑜伽禪修協會應該也要遵守這個「恕日」。

峇里島的默日

另一個我要大家遵守的節日是「默日」。

印尼的峇里島有一個節日叫作「默日」（Nyepi），這是峇里神聖又複雜的曆法（名叫「Isāwara」）年度的最後一日，而他們的一年是兩百一十天。例如，在二〇一二年，默日是西曆的三月二十三日那一天。從早上六點到第二天早上六點，街上沒有車輛行走，峇里島首府所在的國際機場也關閉二十四小時。當天不可以點火，照明燈具也只能露出微暗的光。

這天是「法寂」（dharma-śānti）之日，大多數島上居民一整天要齋戒禁食，不可以從事娛樂活動，要聆聽「卡卡維音」（kakawin，為爪哇地區的古老語言，以近似梵文音調所譜寫成的古典經文），要靜思，保持靜默。

第二天則是大家慶祝新年的首日，彼此互訪，相互寬恕，並祈求寬恕。

這是非常美好的一種傳統。

印度的默朔日

在印度傳統中，很多人已經遺忘了，也有一個年度的靜默日，叫作「默朔日」（Mauni Amāvaasya，Mauni 意思是「為靜默」，Amāvāsya 意思是「無月之日」）。這一天是印度曆法中第十一個月（Māgha，約於西曆的二、三月份）的初一。

這一節日的由來是紀念「摩努」（Manu，人類始祖）於該日首度現身於大地，他後來和「莎塔茹帕」（Śatarūpa，意思是「百麗佳人」）成婚，才有人類。

譬如在二〇一三年，這一天是西曆的二月十日[1]，二〇一四年則是在西曆的一月三十日[2]。

我們每一年應該要有一天做為「靜默日」，也許你不接受「摩努」的傳說，那你可以在自己的文化習俗中，去找和靜默有關的日子，把它定為你的默日。我開始進入五年的靜默期[3]，希望各位朋友每年至少能騰出一天加入我，來分享靜默，正如同大家在滿月日和我分享一小時的靜坐是一樣的。

在默日，不要開車（緊急原因除外），不看電視，不要交談，只是觀察自心，沉思默想，持咒，學會在靜默中付出愛，學會愛上靜默。

希望我們心靈大家庭所有成員都能有自己的「恕日」和「默日」。

譯注

1 此日亦為中國農曆年初一。

2 此日為中國農曆除夕。

3 二〇一三至二〇一八年。

第20課 道德情操是瑜伽治療的關鍵

自古以來，不論是中國、歐洲及印度的傳統觀念，還是三種亞伯拉罕宗教的神學理論（按：就是下文所謂的沙漠宗教），都一致認為人類行為的理則屬於玄學的範疇。印度的《吠陀》大宗師，到佛陀、耆那教主等等，中國的老子、孔子，三種沙漠宗教[1]的教主和聖人，歐洲的哲學家從畢塔格拉斯（Pythagoras）、塔利斯（Thales）到康德（Kant），他們經過仔細省思，都一再述說同樣的觀點，認為心靈和道德，也就是說內心的虔誠和行為的準則，具有相互依存的關係。他們都教人要有利他精神，行為舉止不以私利為出發點，要培養高尚的情操。

瑜伽所教導的「耶摩」和「尼耶摩」（yamas，niyamas。前者是五種要戒除的行為，後者是五種要遵守的德行），與這些形而上的道德理念是完全一致的。依照聖人威亞薩（Vyāsa）對《瑜伽經》的釋論，耶摩第一條的「非暴」（ahimsā）理念，是耶摩和尼耶摩之中最主要的道理，其他九種誡律的根本都是非暴，都是在發揚和實踐非暴理念。因此，粗暴的情緒被視為是種「煩惱」（kleśa，意義是染污，是苦因），是需要淨化，需要焚化的。

不過，在現今大多數人的想法中，情緒（bhāvas）和心情（vi-bhāvas）不屬於道德的範疇，和行為準則沒什麼關聯。例如，他們就不同意古羅馬主張堅忍自制的斯多葛派（Stoic）、哲學家塞內加（Seneca）以憤怒為題的散文，或是寂天（Śāntideva）所著的《入菩薩行論》第六章的觀點。

其實，在歐洲的哲學理論傳統，一直認為道德理念來自形而上的玄學，這種看法到了大約一個世紀之前才有了根本的改變。引起觀念改變的因素很多，如：

- 進化論所主張的適者生存觀念——達爾文（Darwin）
- 性對於人格的形成有主要的影響力——佛洛伊德（Freud）
- 以功利思想來支持資本主義和帝國主義的正當性——穆勒（Mill）、邊沁（Bentham）
- 以經濟為文明發展的主要動力——馬克思（Marx）、西方資本主義哲學家

這些主張形成了新的思潮，否定了原本提倡利他主義、淨化人心、情緒昇華的哲學理念。影響所及，自我中心意識和個人主義成為舉世工業文明和都市文明的主流人生觀。社會對於教養的理念起了變化，「美德」（dharma）、「不為己謀」（niś-kāma karma）、「八正道」（āryāṣ āṅgamārga）的理念，已經不再受到重視。在美國，「我是我，你是你」、「動

怒是正當的」等等字句，已經是教育或心理諮詢界所通用。現在很少有人奉勸人家去懺悔（paścāt-tāpa）、改過（prāyaś-citi）。如果去尋求心理諮詢輔導，所得到的建議反而是勸人把怒氣發出來，而不是以道德昇華為目的的手法來平靜內心。

既然不必平伏自己的負面態度，就毋庸去學習入定，不必學習把憤怒的力量轉換成創造力，所以整個現代都市工業文明的人類就有種自我毀滅的傾向，簡直是慢性自殺。隨著壓力的程度節節上升，壓力所產生出來的內分泌激素，被釋放到整個神經和生理系統中，免疫系統的功能受到抑制，對疾病的抵抗力就減弱。

內心寧靜能促使腦內啡的分泌，這能幫助我們應付各種「敵對」狀況，而不會對它們產生過度的負面反應。憤怒和煩亂的心情都會抑制這些自身製造的鎮定劑，就容易引起種種身心疾病。

調查心臟疾病的研究指出，錯誤的飲食習慣是主要成因。可是錯誤飲食習慣的成因，來自於下列幾種破壞性的情緒：

- 貪婪。
- 缺乏成就感，內心整體的滿意度不足。

- 試圖以填滿腸胃來取代內在的空虛和寂寞。

再加上：

- 選擇了不好的情緒狀態。
- 對人生和對他人的敵意。
- 以自我為中心引致個人主義，引致孤寂。

如此就引起了心臟疾病。

再者，一個不廣為人知的現象是，在心絞痛和心臟病發作時，一半是屬於生理的，另一半是屬於焦慮因素：「我心臟病發了！」、「我要死了！」。恐懼和焦慮又加重了心臟病發作的強度。因此，只要一般民眾能學會如何「自我觀照」（ātmāvalokana），自我控制，讓自己鎮定下來，就可以減輕焦慮的程度，因此心臟病發作的危險性是可以大幅度降低的。而這正是瑜伽的強項。

慈者生存

當今有些打著瑜伽治療旗號的人，他們的考慮範圍僅限於體位法、呼吸法等等，把體位和呼吸當作藥方：用這個體位姿勢來治這個病，一日三次。其實，真正的治療是要靠身體力行「耶摩」和「尼耶摩」，以及要靠常被人遺忘的「愉悅心」（citta-pra-sādana，《瑜伽經》I.33）來重新調教自己的心地和情緒，讓心地變成愉悅、清澄、穩定的地方。

現代社會依據科學理論，主張「適者生存」，鼓勵激進心態，教人要敢於說「不」。可是科學研究也同時發現到，憤怒更易於導致心臟病發；和諧互助、推崇利他的社群享有較長的壽命；靜坐有助於腦內啡的分泌，導致較少敵意和激進的行為模式。因此，最新的方向是，經由客觀研究主觀心態所表現出來的徵兆，發現到一個現象：如果不那麼執著於利己，反而更能夠利己。由此得出的結論是，科學的利他主義加上靜坐的功夫，也就是又回到道德結合形而上學的立場，最後得出預防性的治療方式。

關於這個論點，詳情請參閱 Pamela K. Peal 等人在二〇〇五年九月刊行的《飲食失調國際學報》（*International Journal of Eating Discorders*, Volume 38, Issue 2, pp. 99-105）中所發表的報告：Shared Transmission of Anxiety Disorders and Eating Disorders。

每個時代的社會都會為自己設定某種理念目標，然後朝著這個目標前進，可是最後卻往往發現自己到達完全不同的地方。現代的工業和都市文明依賴科學的理據來建立自己的價值觀。可是那些價值觀很多是在毀滅人性（當然也有些是有益於人性的）。今天大多數的心理學者和社會學者會稱頌個人主義的優越性，可是生態學者和神經學者的研究卻得出相反的結果。這些結果有很多是在肯定「舊」的價值觀，例如：

- 我們的內在可能隱藏著某些自己不知道的意志力，它可能幫助延緩心臟病的發作。統計數據顯示，心臟病在星期一早上發作的情況明顯較多。其中一種解釋是病人不想讓大家在週末時掃興，所以就忍了下來。
- 我們可以控制自己死亡的時間，例如為了要度過親人的婚慶或某個重要節日，為了等待孫兒出生等等原因，而延遲死亡的時刻。
- 我們已知，在那些大家彼此互信的社群中，成員的平均壽命會比較長，而在那些彼此猜疑、懷有敵意的社群中，成員的平均壽命就相對地短。
- 更為人所熟知的事實是，性格易怒、敵視他人的人，比起其他人更容易罹患心臟病，而且發作起來也更嚴重。
- 當今的科學文獻也證明，飲食失調和焦慮有相當密切的連動關係。
- 至於壓力對激素分泌的影響（更科學的說法是，當壓力感來臨時，所偵測到的激素分泌量），以及在靜坐或放鬆狀態對腦內啡分泌的影響，這些都不必在此多加說明。

- 善念、非暴力的念頭、和睦的心態，會導致腦內啡的分泌（與在靜坐狀態下所分泌的腦內啡相同），能夠降低焦慮和壓力的程度，因而大大減少了心臟病和免疫力失調發生的頻率和嚴重性。

在內分泌學、神經學和其他學科領域的這些新發現，駁斥了「生存鬥爭」、「適者生存」之類的模式，讓我們在繞了一大圈之後，又回到原本「慈者生存」的模式。

這個現象，請參閱例如二〇一二年七／八月號的《美國科學．心理》（*Scientific American: Mind*, "July/August 2012", pp.62-65），由 Daisy Grewal 撰寫的〈好人終有好報的時刻〉（When Nice Guys Finish First）。

利他心，《瑜伽經》第一篇第三十三經「四梵住」（catvāro brahma-vihārās: maitrī, karuṇā, muditā, upekṣā，亦即四無量心：慈、悲、喜、捨）之類的理念，雖然原本是心靈要遵行的德行，現在也可以視為身體健康之源。

前面那句話裡的「現在」一詞極為可議。因為在印度古代傳統醫學的典籍《恰拉卡集要》中，有四分之一的篇幅就是在闡揚這個道理：心病（ādhis，例如憤怒、貪婪等）能致身疾（vyādhis）。

因此，當今科學以及古代的《恰拉卡集要》都認為，「莫憤怒」不僅是心靈德行應該遵行的誡律，也是健康和長壽之源。

這就是瑜伽治療的核心，就是在於實踐遵守上面所說的「四梵住」，讓心地清澄而愉悅。真正的瑜伽治療，不僅僅是體位法和呼吸法，而是以「非暴」理念為中心的「耶摩」、「尼耶摩」，它們的效力在於：

分泌腦內啡，有助於降低我們所懷的敵意心態、培養慈悲心懷（作慈悲之觀想）。這反過來又生出同樣的腦內啡，會使我們的呼吸放緩（可以不費力地做到「長而細」（dīrgha-sūkṣma）的呼吸狀態），所以我們的呼吸頻率就變得比較慢。而因為我們的「壽限」（āyur-dāya）是用呼吸次數來計算的，結果是我們能夠比較長壽，這正是所有生靈最原始的願望。

這就是用道德的情操做為瑜伽的治療手段。

詳情請參閱我過去開過的一門題為「心靈長壽」（Spirituality for Longevity）課程[2]。也許未來我們可以辦一次研討會，主題就是以「情緒淨化」（bhāva-saṁ-śuddhi）做為瑜伽治療的第一原理。

願各位求道之人都能因此達成心地的和煦與和諧，這境地不但是健康的泉源，也正是健康的表徵。

譯注

1 猶太教、基督教、穆斯林教。

2 已經收錄於中譯本《心靈瑜伽》（親哲文化），第十三至十九章。

第21課 菩薩圓融必備的十波羅蜜之一

我經常用「方便波羅蜜」（upāya-kauśala pāramitā）來試驗自己。這是發心做菩薩[1]一定要具備的十種圓融之一，也就是以圓融的方法和手腕來求得自己和眾生的解脫。

無論是在教學、做機構的籌畫，乃至與人溝通時，我都是在進行這項試驗。

這個終生試驗系列所帶來的影響之一，是讓我得出一些結論，然後據以制定我所有的「政策」，不，政策這個詞太可怕，還是說「取向」好了。這結論是：

「教學」和「管理」沒有區別，從家庭管理、機構管理、管理人際關係、管理溝通，乃至商業溝通都適用。管理就是在教學，都會反映出自己對於「非暴力」（ahimsā）、「慈愛」（maitrī）[2]等原則所證悟到的程度。

基於這個結論，我面對的艱難任務是開始從頭調整自己。這需要將自己從有記憶那天以來，一切所累積的成見、「心中印記」[3]都要更換。

只要是對人生的永恆目標，以及非暴力、慈愛等原則無所助益的，就不要珍惜，就要予以揚棄。

因此，在機構中、在家庭中，與人共處時，要充分覺知每一位成員都有缺點，因為他們跟我一樣，都還沒有到達圓融完美的境地，我就一定要：

- 明白每一位成員的能耐不同，在圓融道上的進展有別，但都有可用的長項。
- 不要老是去看他們的缺點。
- 繼續「利用」他們的長處，對於他們能力範圍內所提供的付出，要予以肯定和表示欣賞，不要批評他們。
- 繼續等待，等他們把自己不足之處變得圓融完美為止。要耐心等待、等待、再等待，即使等上好幾輩子也在所不惜。像我的上師為了等我到達圓融完美的境地（唉，當然還沒有到達），已經耐心等上好幾世了。
- 要不斷地試著設計、重新設計我們這個團體的組織，以幫助成員完成這些目標。
- 所以我一定要（我們都一定要）繼續以「方便波羅蜜」來試驗自己。

這就是我一切決策所秉持的取向。

我在此要呼籲所有的朋友、家人，請檢查自己所抉擇的**原則**、**手法**、**取向**，是否(1)符合我們的靈性目標，(2)能促使我們對永恆價值的嚮往，因而(3)有助於、能用於我們的心靈使命。

請務必在這個議題上多花些時間去思考琢磨。

在我們的心靈團體中，有好幾位已經依各自的能耐，成功做到某個程度的「方便波蘿蜜」。所謂各自的能耐指的是，能夠掙脫自己心中印記，以及印記所形成的情緒和脾性等習氣。

請不要把(1)私人生活和(2)教學以及機構的行政管理劃分為二，要繼續朝著成為「大聖」（jina）[4]之途，勇猛前進。

微不足道者（a-kiñcanaḥ）[5]

斯瓦米韋達・帕若堤

注釋

1 菩薩是「未來佛」，要立下弘誓：我誓不消念，誓不退卻，誓無所懼。除非所有眾生，從一草葉乃至「梵天」（Brahmā，是宇宙世界之靈），都得解脫，我誓不入涅磐。這就是筆者立下的誓言。「地藏菩薩」（Kṣiti-garbha Bodhisattva）所立的誓言是，地獄一日不空，他就一日不出地獄。

2 百利文是 metta。

3 譯注：「心中印記」（saṁskāra），舉凡一切言行經驗都會在心地中留下永恆的印記。

4 「Jina」（或譯為「最勝者」）常用來尊稱佛陀，更常用來尊稱耆那教（Jaina）的創始教主「大雄」（Mahavira）。其意思是「征服者」，此處指的是心靈意義上的征服者。

5 我有兩種落款的方式，都是說梵文的人所慣用的。一是「無所是者」（a-kiñcanaḥ），微不足道之人。另一種是「僕人之僕」（dāsāṇudāsa），是僕人（上師之僕或神的僕人）的僕人。字尾加的「ḥ」，如 a-kiñcanaḥ 或 dāsāṇudāsaḥ，是梵文文法中表示「主格」「單數」。

第22課　未來五年的內在修行功課

前面幾篇所談到心靈修行的運用和實踐，如果內在沒有一種深厚的平和寧靜狀態，是不可能做得到的。

要深化這種寧靜，讓它成為我們永久的性情，就非要靠持續的靜坐、沉思、持咒不可。做好這些功夫需要決心，需要「願力」（saṅkalpa-bala, saṅkalpa-śakti）。

在進一步講下去之前，有幾個步驟要先提醒一下（這是特別為了那些還沒有照著做的人而說）：

- 靜坐之前要先洗浴淨身（至少每天那次主要的靜坐之前要做），換上乾淨寬鬆的衣服。
- 座位周圍要保持整潔美化。
- 使用的坐墊（毯子、椅墊）要清潔，要疊得平整。
- 如果需要，你可以燃香，或者點一根蠟燭或一盞油燈。

- 不要期待任何境界，每一坐都獻給上師靈，或者獻給傳承的上師們。

希望大家在未來五年中能夠養成和強化自己的願力，我建議幾個方式。

❶要研讀、持頌六首〈希瓦正願頌禱〉

頌禱文句的意義已經翻譯成一本英文小冊（*Shiva Sankalpa Sutra*），頌禱的梵文逐字讀音也做成了錄音（都請向學院的出版社洽詢）。

如果能夠經常持頌〈希瓦正願頌禱〉（Śiva-sankalpa Sūktam），成效是：

- 內心平靜
- 心能得定（所指的是「有智定」〔samprajñāta samādhi〕）
- 得最終三摩地大定。

把這六首頌禱背起來，至少要背住第一首。

研讀、了解，並思索它們內在深遂的意涵。

如果連一首的全文也無法背下來的話，就反覆持頌每一首的最後一句梵文：

tan me manaḥ śiva-saṅkalpam astu

願我心如彼希瓦

其中的關鍵字是「śiva-saṅkalpa」（願如希瓦），在上面提到的那本英文翻譯的小冊中有解釋它的意義。

持頌希瓦正願是用於普遍加強自己的願力。

至於發特殊的願，例如要依照本書第18課〈如何在生活中實踐〉，其中第6條的(1)和(2)發願去實踐的，在發願之前可以使用下面這段咒語，每天至少持頌一遍，直到所發的願成就了為止。

vratānām vratapate vratam cariṣyāmi tat te prapravāmi

tat śakeyaṁ tenardyāsam idam aham amṛtāt saptam upaimiṁ

噢，護持誓願之主，吾謹稟報，今發此願，誓必遵行。

願吾得加持，力能如願遵行。願吾得所增益，

今時此地，吾揚棄不實之道，得庇護於實道。

❷參究「摩訶偈語」

我給大家一句「摩訶偈語」（**mahā-vākya**），你們未來五年要好好去參、沉思其中的義理。摩訶偈語是一種短小簡潔，幾乎沒有句法的話語，目的是供人沉思於其中。下面是一句最高深的偈語：

om kham brahma

嗡　空　梵

它字面簡單的「意義」是：

om：請閱讀斯瓦米拉瑪有兩本解讀《蛙氏奧義書》（*Māṇḍūkya Upaniṣad*）的著作[1]。

kham：空，虛空，超越的「無」。

Brahma：梵，無上、遍及、絕對之真實。

日常之間，除了你自己的咒語之外，不要把心放在其他的心思活動上，你要日夜不斷地參究、沉思這句摩訶偈語。它不需要像咒語一般去重覆持頌，而是用來培養疑情，在心中衡量自己言行所依據的道理是否安妥。

❸加強練習深入靜默。

每星期騰出半天來，完全靜默。

每個月固定幾天做靜默。

離家找個安靜地方，自己守靜，根據我們所訂的指引，有系統地去做。

每隔一些時候，就來我們學院守靜。

組織自己當地喜馬拉雅瑜伽協會的成員或同好者，安排守靜活動。

如果有人可以幫忙帶孩子，夫妻可以一起參加守靜，那真是很大的福份。

但是，所有這些活動都不可以對自己的家人造成不便或困擾。

❹反覆聆聽有關的上課錄音和指引。

以練習下一步的放鬆法、靜坐、睡眠瑜伽，直到完全熟練為止（是依我們對「熟練」的定義，真正的熟練）。

❺詢問你的指導老師，你接下來該做什麼「修咒」（puraścaraṇa）的功夫。

詢問之前，請閱讀我寫的〈特殊咒語〉小冊（收集於《夜行的鳥》一書中）。

❻擴大推廣每個月的「滿月靜坐」。

❼定期前來學院打坐、持咒、沉思。

切記什麼是修行。閉著眼睛打坐只能算是比較容易的修行。把「耶摩」、「尼耶摩」、「清明愉悅心」的原則，應用在實際生活和對人處事上，才是更高難度、更高深的修行。

我祝你

jīvan-muktir asminn evāyuṣi

就在這一世得到今生解脫（開悟）。

譯注

1 *Enlightenment without God* by Swami Rama，中譯書名為：《唵與自力成就》。*OM the Eternal Witness: Secrects of Mandukya Upanishad* by Swami Rama，暫未有中文譯本。

建議進一步閱讀的材料

(1) Swami Rama and Swami Ajaya: *Creative Use of Emotion*, Himalayan International Institute of Yoga Science and Philosophy of the U.S.A., 1976

(2) Swami Veda Bharati:

(a) *Mind Field: the Playground of Gods*, (From "*Series on Indian Psychologies*") Ahymsin Publishers, 2009

(b) *You and Your Emotions*（尚未發行，請向學院出版社洽詢發行日期。）

國家圖書館出版品預行編目 (CIP) 資料

瑜珈就是心靈修行 / 斯瓦米韋達 . 帕若堤 (Swami Veda Bharati) 作 ; 石宏譯 .-- 初版 .-- 臺北市 : 橡實文化出版 : 大雁出版基地發行 , 2016.11
312 面 ; 14.8×21 公分
ISBN 978-986-5623-64-7(平裝)

1. 瑜伽

137.84 105018884

BH0030

瑜伽就是心靈修行

斯瓦米韋達的22堂覺醒生活課

作　　者　斯瓦米韋達・帕若堤（Swami Veda Bharati）
譯　　者　石宏
責任編輯　于芝峰
執行編輯　洪禎璐
內頁排版　宸遠彩藝
封面設計　陳慧洺

發 行 人　蘇拾平
總 編 輯　于芝峰
副總編輯　田哲榮
業務發行　王綬晨、邱紹溢
行銷企劃　陳詩婷

出　　版　橡實文化 ACORN Publishing
臺北市 105 松山區復興北路 333 號 11 樓之 4
電話：（02）2718-2001 傳真：（02）2719-1308
E-mail 信箱：acorn@andbooks.com.tw
網址：www.acornbooks.com.tw

發　　行　大雁出版基地
臺北市 105 松山區復興北路 333 號 11 樓之 4
電話：（02）2718-2001 傳真：（02）2718-1258
讀者服務信箱：andbooks@andbooks.com.tw
劃撥帳號：19983379 戶名：大雁文化事業股份有限公司

印　　刷　中原造像股份有限公司
初版一刷　2016 年 11 月
初版四刷　2022 年 8 月
定　　價　350 元
I S B N　978-986-5623-64-7

大雁出版基地
www.andbooks.com.tw